90日で業績アップを実現する
「ローコードDX」

世界標準のローコード・ノーコードプラットフォーム

「Zoho」で実現せよ

船井総合研究所
［編著］

CROSSMEDIA PUBLISHING

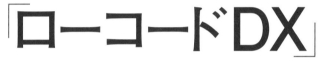

はじめに

全ての中堅・中小企業にとって、今やデジタル変革（DX）は取り組まなければならない最重要テーマの1つです。そして、中堅・中小企業がデジタル変革で取り組んでいただきたいのは、これから本書で扱っていく「短期間（90日間）での業績アップ」です。

この、短期間での業績アップを実現した上で、自社の継続的かつ網羅的なデジタル変革を実現するツールこそ、昨今注目を集めている「ローコード・ノーコード※」と呼ばれるデジタル・ツールです。そして本書でも詳しくご紹介するZｏｈｏ（ゾーホー）は50種類以上の業務アプリケーションをクラウド上で提供しており、そのアプリケーションの多くは、様々なカスタマイズや複雑な設定、自動処理やデータ連携をノーコード、もしくはローコードで実現できるため、本書ではローコード・ノーコードプラットフォームとして紹介しております。

私たちは、50年以上の長きにわたり、数多くの中堅・中小企業の皆様に「業績アップコ

※ローコードとは、ゼロからコーディングをせず少ないプログラムコードで開発する手法のこと。ノーコードとは、コーディングを行わず、プロの知識が一切不要で開発する手法のこと。

ンサルティング」を中心に、様々なサービスを提供してきました。現在では各業種・業界に特化したコンサルタントが750人以上在籍し、年間5500社以上の経営をサポートする総合経営コンサルティング会社となっています。

近年はDXコンサルティングにも注力し、先に述べたZohoについては、約400社以上のクライアント企業に導入のお手伝いをしています（2023年4月末時点）。

また、クライアント企業におすすめするだけではなく、私たち自身もZohoのユーザーとして、コンサルタント全員にZohoのアカウントを付与して運用しています。現在ではZohoは、私たちにとってなくてはならないツールとなっています。

そして、船井総研ホールディングスとゾーホージャパンでは、業務提携契約を締結。日本国内におけるZohoデジタル・トランスフォーメーションに関する人材教育を独占的に行い、2022年7月からサービス提供を開始しています。

今の時代、企業間格差が過去にないほど大きく広がっています。

そして、同じ業種・業界の中でも好業績を実現して高い生産性を誇り、かつ採用も含めて人が集まっている会社の共通点とは、例外なくデジタル変革に取り組んで成功している会社、あるいは成功しつつある会社なのです。

企業が、特に中堅・中小企業がデジタル変革で成功するには、短期間で目に見える成果を出す必要があります。かつ、あらゆるリソース（経営資源）が限られている中堅・中小企業の場合は、「小さく始めて大きく育てる」という考え方が必須です。

その点、Ｚｏｈｏであれば、自社の課題となるビジネス領域から、かなりの低投資でデジタル変革をスタートすることができます。

また、Ｚｏｈｏは企業のほとんどのビジネスプロセスを網羅していることから、最終的には会社全体のデジタル変革（ＤＸ）につなげることができます。さらにローコード・ノーコードプラットフォームであることから、導入そのものはもちろん、導入後のカスタマイズも容易に行うことができます。

まさに本書のテーマであるローコード・ノーコードプラットフォームＺｏｈｏは、デジタル変革を「小さく始めて大きく育てる」ための、うってつけのデジタル・ツールなのです。

先にも述べた「企業間格差」について言えば、今はある種の分水嶺にきています。

つまり、デジタル変革に取り組むタイミングとしては、今がまさに最後のチャンスといえるのではないでしょうか。

例えば、2023年の前半から、ビジネスの世界でもChatGPTのような生成AIが一躍注目を集めるようになり、メディアでも連日取り上げられています。これからの時代、こうしたAIを使いこなすことができている会社と、できていない会社との間では、より大きな格差が開いていくことが想定されます。

その点、すでにZohoは生成AIとも連携しており、またZohoそのものがAI（機械学習）の機能も備えています。Zohoを導入することそのものが、実は生成AIも含めたAI活用への近道でもあるのです。

本書は序章に始まり、第7章までの構成となっています。

まず序章では、前述の「90日間での業績向上」をいかに実現するのかを述べていきます。

第1章では、「ローコード・ノーコード」とは何で、いかにIT技術、ひいては我々の経営にインパクトを与えるものなのかを述べます。

第2章ではローコード・ノーコードプラットフォームであるZohoについて、詳しく解説します。

第3章では「売上アップ」についての様々な業種・業界における成功事例をご紹介し、続く第4章では「コストダウン」についての成功事例をご紹介していきます。

そして第5章・第6章ではローコード・ノーコードを活用したシステム内製について、具体的なステップに沿って解説します。

さらに第7章では、私たちが手がけるＤＸコンサルティングについて、また私たち自身のＺｏｈｏによる社内デジタル変革の取り組みについて、外部の有識者の方も含めた対談という形でお話しします。


繰り返しにはなりますが、今がデジタル変革への取り組みの最後のチャンスであり、今の取り組みがこれから10年後の会社の命運を決めるのではないでしょうか。

本書が皆様の会社のデジタル変革に貢献し、皆様の会社の業績向上に貢献できることを、心から願っております。

株式会社船井総合研究所 代表取締役社長 社長執行役員　真貝 大介

目次

第1章 ローコード・ノーコードとは何か

第2章 Ｚｏｈｏで超高速に業績が上がる理由

第3章 業績アップ戦略と成功事例：売上アップ編

第4章 業績アップ戦略と成功事例 コストダウン編

ローコード・ノーコードによるシステム内製でシステム費用の大幅コストダウンを実現しよう……166

第5章

ローコード・ノーコードによるシステム内製

第6章

ローコード・ノーコードによるシステム内製8つのステップ

第7章

「Zoho」で実現！お客様企業と自社内、それぞれのDXがもたらしたものとは

カバーデザイン　華本達哉（aozora）
本文デザイン　荒好見
校正　加藤義廣（小柳商店）

序章

90日間のデジタル変革で超高速に業績を上げる方法

今こそ経営者は「業績向上」に直結するシステム投資をしよう

DX（デジタル・トランスフォーメーション：デジタル変革）と聞くと、皆様はどのようなイメージをお持ちでしょうか？

- 業務の効率化
- 省人化
- コストダウン

例えば、右のような印象を持たれるかもしれません。実際、世の中で多く論じられるDXのテーマは、業務を効率化するための手段を目的としたものです。

しかし私たちは、DXの最大の目的は、「業績向上」であると捉えています。

2023年4月末時点で、私たちは約400社のDXコンサルティングを中堅・中小企業の皆様に提供してきていますが、これらのコンサルティングの大半が「業績向上」を目的としたものです。

例えば、私たちが手がけた「業績向上」を目的としたＤＸコンサルティングの成果として、次のような事例が挙げられます。

・自動車販売店（従業員１２０名）が問合せ昨年対比２００％
・町工場（従業員35名）が顧客数2倍・売上高１・5倍
・不動産会社（従業員40名）が粗利昨年対比１８７％
・地域密着型商社（従業員35名）が毎年１億円の新規開拓を実現

このほかにも第３章で事例をご紹介しますが、当社ではこうした数多くの「ＤＸによる業績向上」の事例をセミナーやYouTubeのチャンネルでご紹介しています。

そもそも、大企業と比較したときに、中堅・中小企業は〝コストダウンを目的としたＤＸ〟よりも、〝業績向上を目的としたＤＸ〟に取り組むべきだと私たちは考えています。その理由は３つです。

①省人化への投資対効果が低い

何千人・何万人と従業員を抱えている大企業に対して、中堅・中小企業はせいぜい数百人から数十人、場合によっては数名というケースもあります。つまり〝省人化投資〟といっても、そもそも〝省人〟する対象が少なく、その効果もおのずと限られるのです。

例えば、システム投資の中心である「クラウド」の最大の特徴は、システム要員の数を大幅に削減できることです。従業員1万人クラスの大企業であれば、情報システム部門に100人前後のシステム要員がいるでしょうから、仮に数十人のシステム要員を削減できるとなれば大きなコストダウン効果につながるでしょう。

ところが、従業員100人クラスの中小企業の場合、情報システムの担当者は多くて数人程度、場合によっては1人という企業もあるでしょう。そこでクラウドを導入して、この数人のシステム要員の数を減らせるかというと、それは不可能な話です。つまり、大企業と中堅・中小企業では、そもそも「コストダウン」あるいは「省人化」を目的としたDXには限界があるのです。

②省人化できるルーチンワークが少ない

大企業と比較した時に、中堅・中小企業は定型的なルーチンワークが少ないということも挙げられます。

例えば一時期、DXを実現するデジタルツールとして「RPA」が注目を集めた時期がありました。このRPAも、膨大なルーチンワークを抱える保険会社や銀行といった大手企業では大きな成果を上げましたが、こと中小企業だけにフォーカスすると、このRPAも思ったほどの成果を上げられていないケースが多いといえます。つまり、RPAに毎月かかる費用の元が取れるだけの「まとまった量のルーチンワーク」が中小企業にはあまりないのです。

基本的に大きな市場の中でビジネスを行っていることの多い大企業に対して、中小企業のビジネス領域は大企業が手を出さない「ニッチな市場」であるケースが大半です。そうしたニッチな市場であるが故に、1つひとつのビジネスのボリュームは小さいものの、その種類が膨大といったケースが多くなります。このように、中小企業では省人化を目的とするほどの単一業務が少ない、といったことが実態なのです。

③人材の採用難

今後は少子高齢化による人手不足が進み、特に「営業担当者」の採用がますます困難になるといわれています。

〝人手不足〟は日本中のあらゆる企業における共通の課題ですが、中小企業のそれはより深刻な話です。特に、自社の売上をつくってくれる「営業担当者」の採用は至難の業です。

例えば卸・商社や製造業で「業務社員」を募集すると10名ほどの応募がくるのに対し、同じ会社で「営業担当者」を募集すると1人も応募がない、といったようなケースはざらにあります。つまり「営業」は不人気職種であり、この傾向は年々強まっています。

だからこそ「人を増やさず業績向上を実現

図表 0-1　なぜ中堅・中小企業は「業績向上」を目的としたDXに取り組むべきなのか？

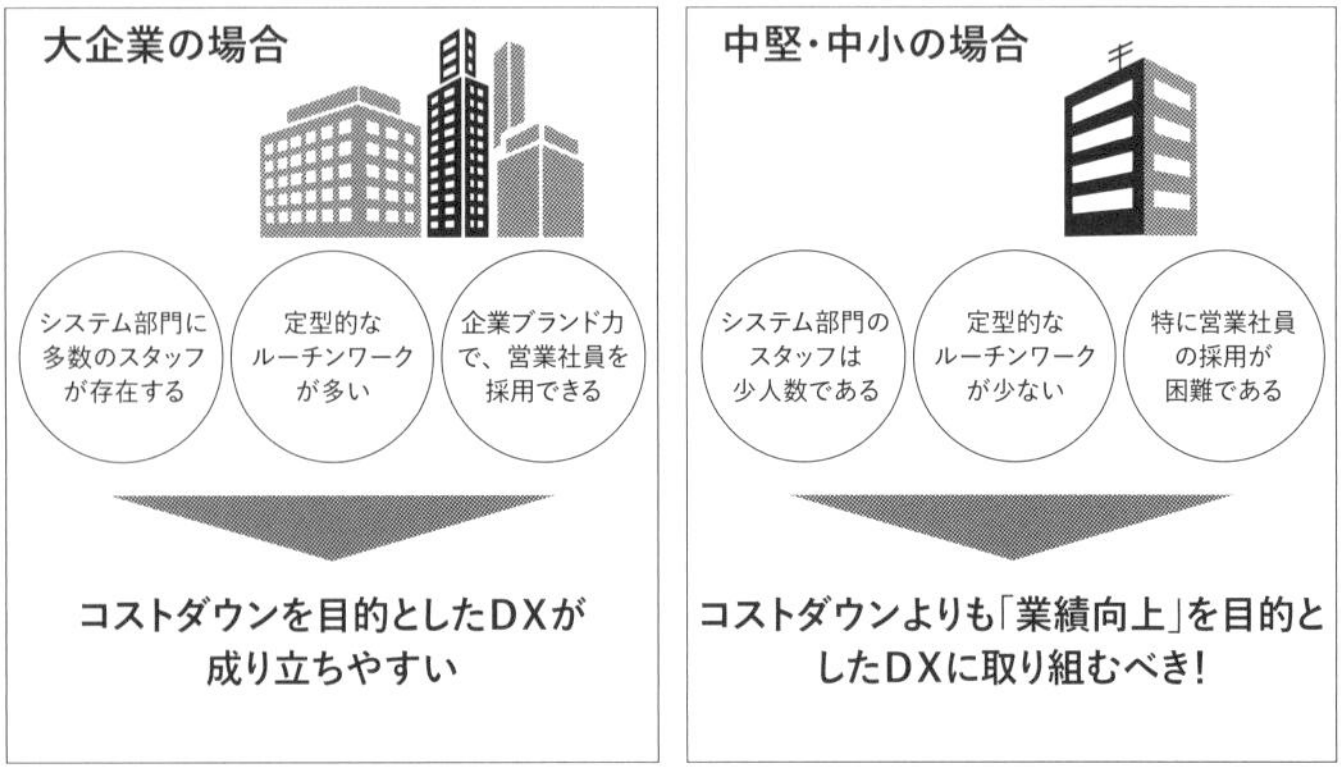
大企業の場合
システム部門に多数のスタッフが存在する
定型的なルーチンワークが多い
企業ブランド力で、営業社員を採用できる
コストダウンを目的としたDXが成り立ちやすい
中堅・中小の場合
システム部門のスタッフは少人数である
定型的なルーチンワークが少ない
特に営業社員の採用が困難である
コストダウンよりも「業績向上」を目的としたDXに取り組むべき！

できるＤＸ」が求められるのです。

「ズバリ・ソリューション」とは何か

では、私たちはどのように「業績向上を目的とするＤＸ」を実現しているのか？

その基本となる概念として提唱しているのが、「ズバリ・ソリューション」です。

ズバリ・ソリューションは船井総合研究所の造語ですが、一言でいえば「時流に適応させた、業種別の旬なビジネスモデル」のことです。言うまでもありませんが、ビジネスモデルとは「企業がどのようにビジネスを行い、利益を上げるのかを決定する戦略的な事業の型」を指します。

その成果を知っていただくために、いくつかズバリ・ソリューションの事例をご紹介します。

例えば、リフォーム会社（リフォーム業界）の場合。

通常のリフォーム会社というのは、いわゆる家に関する総合的なリフォームを手がけています。その中でキッチン・浴室・洗面・トイレ等の「水まわりリフォーム」に特化した、「水まわり専門店」というズバリ・ソリューションに転換したとします。

すると、このリフォーム会社では、1拠点で1億円だった売上が2年間で3億円になり、その後10拠点以上の多拠点へと展開し、なんとこの会社の売上は30億円にも達しました。

このような売上数億円の会社を数十億円もの会社に成長させることができるソリューションが、「ズバリ・ソリューション」なのです。

続いて、街の洋菓子店を例にとりましょう。

ある街の洋菓子店では、売上が5000万円ほどでした。そこで、販売商品をプリンに絞り、温泉観光地で「観光プリン専門店」のズバリ・ソリューションを展開し、なんと売上を1・5億円までに伸ばすことに成功しました。

私たちは、こうした「ズバリ・ソリューション」を年間228ソリューション（2022年実績）も展開しており、数多くの業種の中堅・中小企業の即時業績向上に寄与しています。私たちは、こうした「ズバリ・ソリューション」について、次の5つの定義をしています。

〈ズバリ・ソリューションの5つの定義〉
①業界平均の3倍以上の業績アップができる
②業界内の80％の会社が再現できる
③その業界の〝ど真ん中〟の主力商品群の売上が上がる
④メインの販促媒体が変わる
⑤オペレーションが変わる

これらの定義について詳しく説明しましょう。

①業界平均の3倍以上の業績アップができる

どれだけ経営や事業の課題を解決しても、業績の伸び率は良くて20%から30%ぐらいが多いような印象です。しかし、ズバリ・ソリューションで企業のビジネスモデルを抜本的に変革することで、業界平均の3倍以上の業績アップを実現することができます。先ほど述べたリフォーム会社の「水まわり専門店」や、洋菓子店の「観光プリン専門店」のズバリ・ソリューションがその良い例です。

これらの例のように、時流に合った「客層絞り込み戦略」「商品絞り込み戦略」をとることで、業界平均の3倍以上の業績アップが可能となるのです。

②業界内の80%の会社が再現できる

すでに成功している企業をベンチマークし、マネをしているのに業績が上がらないというケースは少なくありません。その理由は、ベンチマーク先の商品・販促・販売は、企業文化から出てくる〝独自〟のものであり、その再現は難しいからです。

一方、ズバリ・ソリューションは、先述のように「客層絞り込み戦略」「商品絞り込み戦略」でビジネスモデルの基礎をつくるので、同一業界・同一業種であれば、モデル企業と同じレベルの業績を再現することができます。実際に、「水まわり専門店」のズバリ・ソリューションは、同業界で150社以上もの導入支援を行い、先の事例と同じような業績の再現に成功しています。

③その業界の〝ど真ん中〟の主力商品群の売上が上がる

例に挙げた「水まわり専門店」「観光プリン専門店」のズバリ・ソリューションは、主力の商品を絞り、事業の基礎をつくっています。ここで注意すべきは、ニッチな商品群やマーケットが小さい商品では、たとえ伸びているとしても、力を入れたところで業績アップはできないということです。

ズバリ・ソリューションの商品戦略で重要になるのは、その業種のマーケットで10%以上の割合を占め、かつ伸びている商品群を選ぶことです。この〝ど真ん中〟の主力商品に絞り込む戦略こそが、業界平均の3倍以上の業績アップを実現するズバリ・ソリューションの根幹であるともいえます。

④メインの販促媒体が変わる

かつては中堅・中小企業が販促する媒体として、折り込みチラシやポスティング、看板といったアナログな手法が1つの手でした。一方、現在のズバリ・ソリューションにおいては、販促手法も「デジタル」にシフトしています。

例えば「水まわり専門店」であれば、折り込みチラシによって電話での問合せ（反響）を獲得するスタイルの販促から、ショールームへの来店予約を得る〝Webサイト主体〟の販促に変えていきました。その結果、反響1件あたり3万円前後だったコスト（これをCPA〈コスト・パー・アクション〉といいます）を、2万円に削減することができました。つまり同じ販促コストで1.5倍以上の集客効果が見込めるようになったのです。

また、「観光プリン専門店」は店頭での販促に加え、〝Webサイト・SNSマーケティング主体〟の販促を行うことで、新規の来店集客を3倍以上に増やしました。さらに店頭販売に加えて、EC通販サイトを展開すればリピート購入も増え、5000万円から7000万円の売上をプラスすることができます。

このように、ズバリ・ソリューションでは現在の時流に適合したデジタルマーケティングをフル活用して、集客の最大化を図ることが不可欠なのです。

⑤オペレーションが変わる

即時業績アップをする上で重要なのは、営業効率と販売効率を高めるオペレーションです。ズバリ・ソリューションで商品を絞れば、売るためのシナリオが確立しやすくなります。そして、受注までのムダな営業回数を減らし、契約率を高めていけるのです。

例えばリフォーム事業における契約率は、通常は40％前後といったところです。しかし、「水まわり専門店」であれば、これを60％前後にすることができます。詳しくは後述しますが、MAやSFA、CRMといったデジタルツールを活用しながら〝営業マネジメント〟を行うことで、契約率を70％以上にまで高めることも可能なのです。

図表 0-2　様々な業界におけるズバリ・ソリューションの例

業種	一般的な事業	ズバリソリューション
住宅	注文住宅	建売分譲、トレーラーハウス
不動産	売買仲介	宅地分譲、空き家再生
リフォーム	リフォーム	水まわり・リフォーム、リノベーション
建設	ビル建設	倉庫建設、福祉施設建設
アミューズメント	カラオケ	フィットネス、インドアゴルフ
中古車	総合中古車店	中古コンパクトカー、中古SUV
美容・コスメ	店舗販売	EC通販
外食 スイーツ	居酒屋	テイクアウト、冷凍食品通販、観光
ガス	プロパンガス	給湯機器交換、住宅設備交換

「ズバリ・ソリューション＋ＤＸ」で超高速な業績アップを実現できる

いかがでしょうか。このように「ズバリ・ソリューション」に「ＤＸ」の要素を加えることで、超高速な業績アップを実現することができるのです。

続いて、「ズバリ・ソリューション」と「ＤＸ」の関係性を整理してみたいと思います。

まず、「ズバリ・ソリューション」とは〝ビジネスモデル〟のことです。

前述のように、ビジネスモデルとは「企業がどのようにビジネスを行い、利益を上げるのかを決定する戦略的な事業の型」です。

そして「ＤＸ」は、〝ビジネスプロセス〟をデジタルにより最適化していく取り組みのことです。〝ビジネスプロセス〟とは文字通り、「仕事の進め方から、ビジネスモデルを支えるための顧客接点までを含めた業務プロセス」ということができます。

つまり、先述の「ズバリ・ソリューション」を、「ＤＸ」でデジタル最適化することにより、さらに効果的・効率的に業績を上げることができるのです。

例えば先述のリフォーム会社では、通常は40%ほどの契約率だったところを、ズバリ・ソリューションの導入により60%にまで高め、さらにMAやSFA、CRMといったデジタルツールの活用により、契約率は70%にまで高めることができる、と説明しました。

同じく「観光プリン専門店」の事例では、店頭での販促だけでなく、Webマーケティング やSNSマーケティングを行うことにより、新規の来店集客をなんと3倍以上にすることができました。さらにEC通販サイトを展開することによって、来店客のリピート購

図表 0-3　「ズバリ・ソリューション＋DX」で超高速な業績アップを実現できる

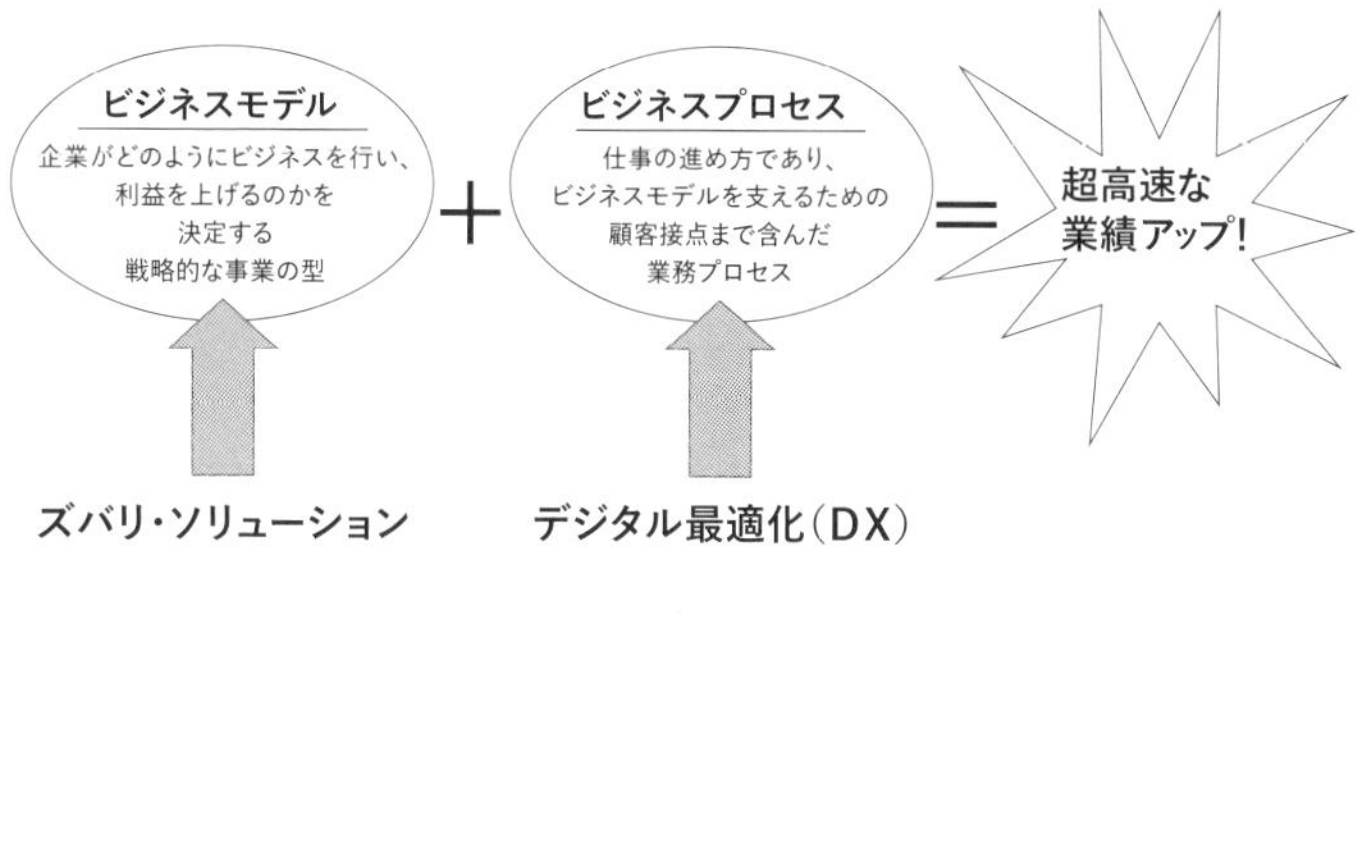
ビジネスモデル
企業がどのようにビジネスを行い、利益を上げるのかを決定する戦略的な事業の型
＋
ビジネスプロセス
仕事の進め方であり、ビジネスモデルを支えるための顧客接点まで含んだ業務プロセス
＝
超高速な業績アップ!
ズバリ・ソリューション
デジタル最適化（DX）

入が増えて5000~7000万円の売上を付加することができます。

このように、業種ごとに最適な「ズバリ・ソリューション（=ビジネスモデル）」と、「DX（=ビジネスプロセス）」を実現することによって、短期間の間に驚くほど業績を上げることができるようになるのです。

「ローコード・ノーコード」が経営にもたらすインパクト

さて、ここで気になるのが「DXを実行するためのシステムにかかるコスト」ではないでしょうか。詳しくは第1章で述べていきますが、従来はシステム導入となると次のいずれかの方法しかありませんでした。

①パッケージソフトを導入する

②フルスクラッチでゼロから開発する

これも第1章で詳しく説明しますが、実はシステムは次の2つに大きく分けることができます（左記❶をフロントオフィス、❷をバックオフィスということもあります）。

❶SoE（システム・オブ・エンゲージメント：顧客まわり）
❷SoR（システム・オブ・レコード：基幹系まわり）

SoEに関するツールには、具体的に次のようなものがあります。

- MA（マーケティング・オートメーション）
- チャットボット（Web接客システム）
- 名刺管理システム
- SFA（セールス・フォース・オートメーション：営業管理システム）
- CRM（カスタマー・リレーションシップ・マネジメント：顧客管理

システム）

これに対して、ＳｏＲには次のようなツールがあります。

・会計システム
・販売管理システム
・労務管理システム
・生産管理システム

ここで、ＳｏＥ（顧客まわり）とＳｏＲ（基幹系まわり）、どちらが業績の上がるＤＸツールなのかといえば、それはＳｏＥということになります。

実際、先ほどのズバリ・ソリューションの事例でも、リフォーム会社はＳＦＡを導入することで成約率を高めていき、観光地プリンの集客には顧客管理ＣＲＭを活用し、リピート購入を促すためのＭＡも同時に活用しています。

その中で、ＳｏＲ（基幹系まわり）は、どこの会社も〝ビジネスプロセス〟がおおよそ似通っていますが、実はＳｏＥ（顧客まわり）は、その会社ごとに異なります。

したがって、前述のＳｏＥについては、パッケージを導入しても結局は自社のビジネスプロセスと合致せず、どうしても多大なコストをかけてカスタマイズを行う必要が出てきます。もっというと、そのカスタマイズには限界があり、結局は自社にとって使いにくいシステムとなってしまい、使われずに放置されてしまう、ということが起きがちです。

とはいえ、フルスクラッチでゼロから開発するとなると、多大なシステム投資費用も、相応のシステム人材も必要となるので、中堅・中小企業でのフルスクラッチ開発は現実的な選択肢にはなり得ないのです。

そうした中で、①パッケージソフトと、②フルスクラッチでの開発に続き、第3の選択肢となっているのが、本書の主要なテーマである、③ローコード・ノーコードなのです。

昨今、この「ローコード・ノーコード」は中堅・中小企業はもちろん、大企業でも広く活用されるようになっており、まさに〝システムを劇的に変えるＤＸツール〟としてブームになっています。

この「ローコード・ノーコード」には、次のような特徴があります。

①プログラミング言語を知らない非エンジニアでも、標準設定の中で簡単に構築を行うことができ、システムの内製が容易である。

②圧倒的にコストが安く、開発期間も短くなる。フルスクラッチでのシステム構築と比較すると、コストは5分の1〜10分の1となり、開発期間は3分の1以下となる。

③パッケージと比較しても安価な上、カスタマイズが容易である。

図表 0-4　ローコード・ノーコードとは何か

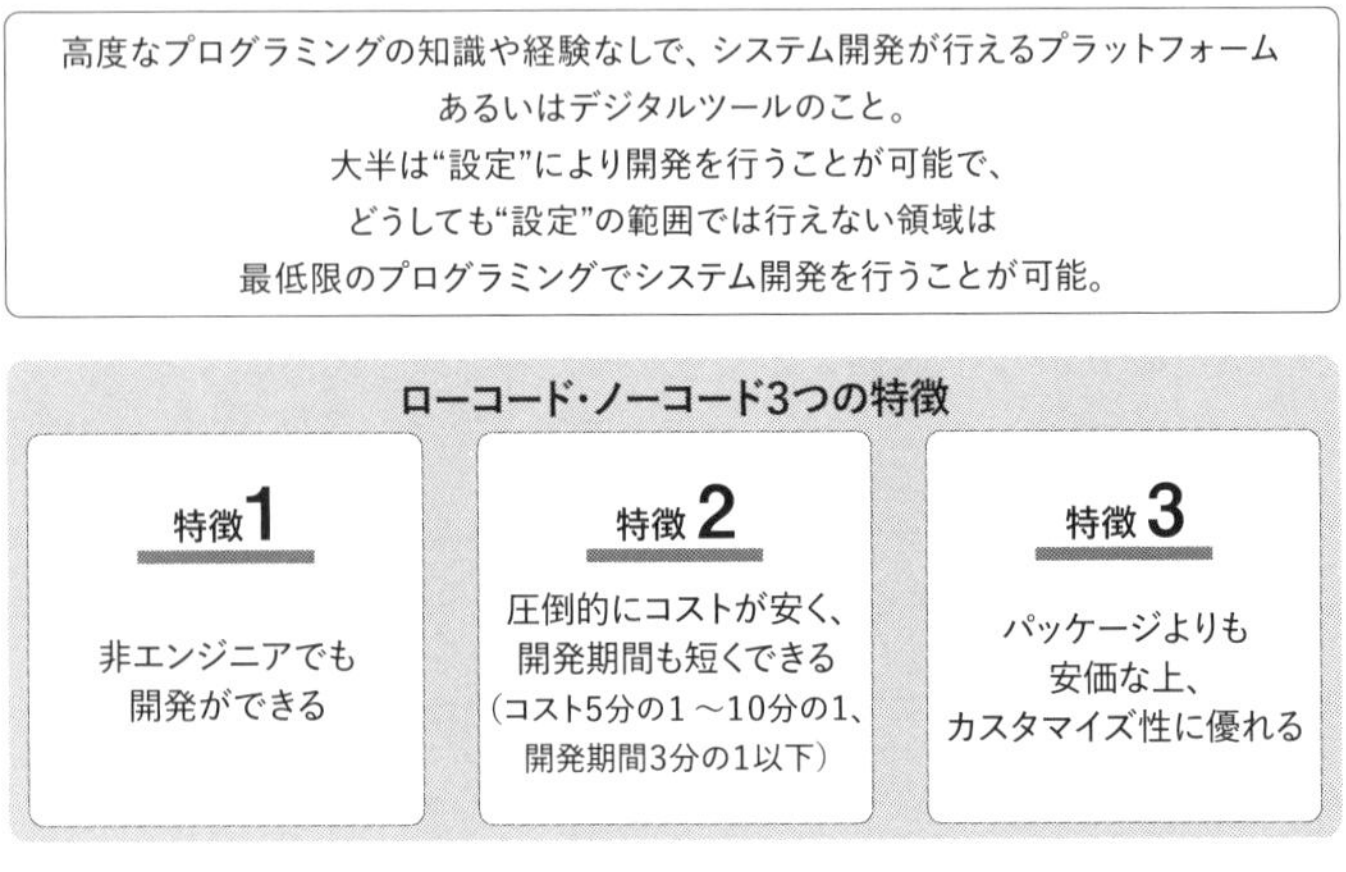

高度なプログラミングの知識や経験なしで、システム開発が行えるプラットフォーム
あるいはデジタルツールのこと。
大半は“設定”により開発を行うことが可能で、
どうしても“設定”の範囲では行えない領域は
最低限のプログラミングでシステム開発を行うことが可能。
ローコード・ノーコード3つの特徴
特徴1
非エンジニアでも
開発ができる
特徴2
圧倒的にコストが安く、
開発期間も短くできる
（コスト5分の1～10分の1、
開発期間3分の1以下）
特徴3
パッケージよりも
安価な上、
カスタマイズ性に優れる

これらの特徴から、「ローコード・ノーコード」はシステム開発に革命をもたらすといわれ、私たちもこのDXツールを活用したシステム構築を500社以上に実施しています。

人材リソースに限りがあり、システム投資の余力が少ない中堅・中小企業こそ「ローコード・ノーコード」を活用してほしい、というのが本書で伝えたいメッセージなのです。

世界標準ローコード・ノーコードプラットフォームZohoが90日で業績向上を実現できる理由

こうしたローコード・ノーコードのツールは、国内のみならず世界中に数多くのベンダーがあります。その中でも、船井総合研究所は米国で創業し、現在はインドに本社と開発拠点を有する「Zoho（ゾーホー）」を活用し、システム構築を行っています。Zohoは日本国内にも現地法人があり、最近では日本でも広く導入が進んでいます。

そして、私たちは、前述の２００以上にもおよぶズバリ・ソリューションのビジネスプロセスをＺｏｈｏ上で実装し、業種ごとに「グロースクラウド」というブランドで展開しています。

この「グロースクラウド」は、すでに業種向けの最適なビジネスプロセスが実装されているため、導入そのものは90日間と極めて短期間の間に導入を図ることができます。

そして、導入後は必要に応じて都度カスタマイズを行うことができるため、導入後の立ち上がりや定着も極めてスムーズです。

では改めて、なぜ「ローコード・ノーコード」が今注目を浴び、システム開発に革命をもたらすのでしょうか。まずはこの点から、

図表 0-5　世界標準ローコード・ノーコードプラットフォーム「Zoho」が90日で業績向上を実現できる理由

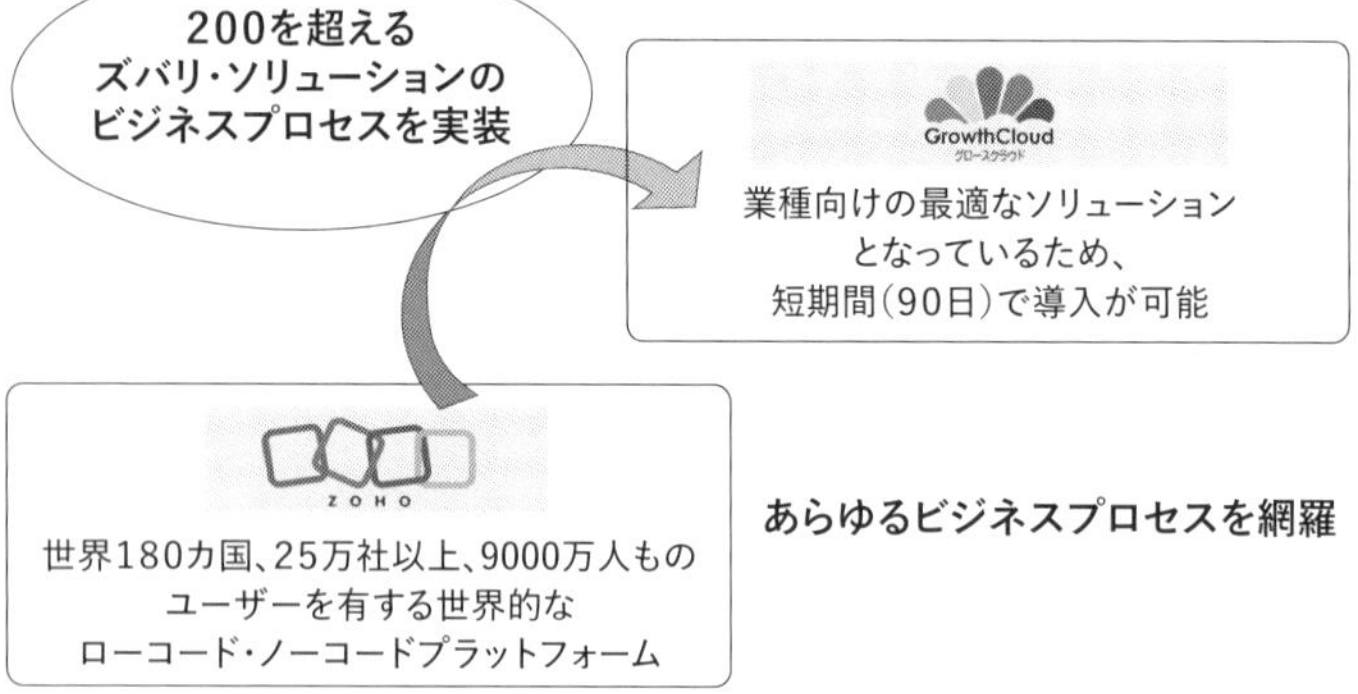
200を超える
ズバリ・ソリューションの
ビジネスプロセスを実装
GrowthCloud
グロースクラウド
業種向けの最適なソリューション
となっているため、
短期間（90日）で導入が可能
ZOHO
世界180カ国、25万社以上、9000万人もの
ユーザーを有する世界的な
ローコード・ノーコードプラットフォーム
あらゆるビジネスプロセスを網羅

次の章で詳しく述べていきたいと思います。

第1章

ローコード・ノーコードとは何か

ＩＴ業界の最新メガトレンド、ローコード・ノーコード

序章でも述べたように、「ローコード・ノーコード」は、従来のソフトウェアの主流であった、①パッケージソフト、②フルスクラッチでの開発に続く、第3の選択肢となっています。「コード」はコンピューターのプログラム（ソースコード）のことです。「ローコード・ノーコード」とは、文字通り〝プログラミングの知識が必要ない〟あるいは〝最小限のプログラミング知識で構築が可能〟なソフトウェアです。パッケージソフトと比較するとカスタマイズが極めて容易で、フルスクラッチと比較すると開発が極めて容易という、まさに「いいとこ取り」のデジタルツールといえます。

「ローコード・ノーコード」は、経済産業省がＤＸレポートで警告している「２０２５年の壁（システムの老朽化とＩＴ人材不足が重なるターニングポイントといわれる時期）」を解消するツールとして期待されています。また、ＩＴ関連の調査会社であるIDC Japanによると、２０２３年には新規開発されるアプリケーションの6割が、ローコード・ノー

出典：IDC Japanプレスリリース「国内ローコード／ノーコードプラットフォームの市場動向を発表」(2022年4月21日)

コードプラットフォームで開発されるようになる、と予測しています。

ここで「ローコード・ノーコード」について、その言葉の意味を紐解いていきたいと思います。

まず、ローコード（Low-Code）とは、従来のようにゼロからではなく、非常に少ないプログラミングを行うことでシステム開発ができる開発手法のことです。ローコードの場合は汎用性が高く、他のシステムとも連携ができるため、ノーコードと比較して拡張性が高い点が特徴です。

続いて、ノーコード（No-Code）とは、ローコードよりさらにプログラミングの知識が不要であり、プログラミングを全く行わず、画面上の操作などでシステムを構築する手法です。プログラムが不要な分、誰でも容易に構築ができますが、ツールが用意している範囲内での構築となるため、比較的小規模のシステム構築に適しています。

そして、この2つのメリットを併せ持つデジタルツールこそが「ローコード・ノーコード」なのです。

そんな「ローコード・ノーコード」は、ＩＴ業界に大きな技術革新をもたらすとして注目を集める、まさに「ＩＴ業界のメガトレンド」ともいえる存在です。「ローコード・ノーコード」が注目を集めている理由は次の通りです。

①非エンジニアでもソフトウェア開発が容易に行える

前述の通り、ローコード・ノーコードプラットフォームはプログラミングの知識が不要、あるいは最低限の知識でシステム構築が行えるため、非エンジニアであってもソフトウェアの開発が容易に行えるようになります。また、従来と比べて、エンジニアの育成期間が大幅に短縮できるようにもなります。

②システムの「内製化」が促進される

従来はシステムの開発を行おうとすると、〝エスアイアー〟とよばれるＩＴ開発専門業者に「外注」せざるを得ませんでした。ところが前述の通り、「ローコード・ノーコード」であれば開発専門業者でなくても開発が容易であることから、企業内におけるシステムの内製化の促進にもつながります。

③開発期間・コストを劇的に削減できる

これまでのフルスクラッチ開発だと、事前に開発計画を立て、その通りに開発を行うという〝ウォーターフォール型開発〟による開発が前提でした。

一方、「ローコード・ノーコード」の場合は、「まずつくってみる」「修正が必要であればその後に修正する」といった〝アジャイル〟な開発が可能になります。その結果、開発期間を大きく短縮でき、開発コストも劇的に削減することが可能になります。

このように、「ローコード・ノーコード」はIT業界に〝50年に一度〟ともいわれる大きな技術革新（＝革命）をもたらそうとしているのです。

図表1-1　IT業界の最新メガトレンド「ローコード・ノーコード」

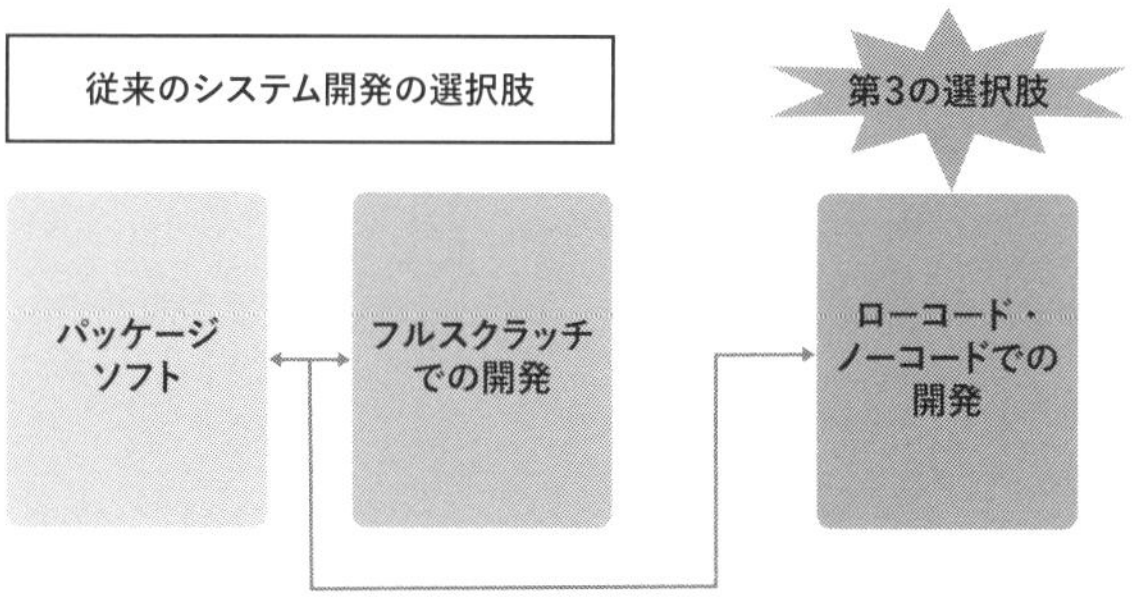

「ローコード・ノーコード」が注目を集めている理由
理由1）非エンジニアでもソフトウェアの開発が容易に行える
理由2）その結果、企業内におけるシステムの「内製」が促進される
理由3）開発期間・コストを劇的に削減することができる

ＩＴの技術革新の歴史は「コストダウン」の歴史

ここで、現在の「ローコード・ノーコード」というＩＴ業界のトレンドを押さえるという意味でも、これまでのＩＴの技術革新の流れについても述べておきたいと思います。

①１９７０年代～　オフコン・ミニコンの時代

まず、現在のデジタル変革（ＤＸ）の基礎となるようなパッケージソフトは、その大半が１９７０年代に誕生しました。

ただし、この当時のコンピューターは〝オフコン〟あるいは〝ミニコン〟と呼ばれるような高価なハードウェアであり、運用するにも専門の技術者が必要ということもあり、官公庁や大企業を中心に導入が進みました。

②１９９５年以降～　Windows／クライアント・サーバーの時代

１９９５年にWindows95が発売され、パソコンをベースにインターネットやＬＡＮへの接続が一般的になりました。

こうして、ハードウェアのコストが下がったことにより、中小企業へのシステム導入が一気に進みました。

当時は「サーバー」という中心となるコンピューターがあり、そこに「クライアント」と呼ばれるパソコン端末が接続される構造が一般的でした。

このサーバーの中に基幹となるシステムが収められ、〝オンプレミス〟とも呼ばれていました。また、当時のサーバーも保守やメンテナンスが必要だったので、その維持にはコストがかかるものでした。

③2010年代〜　クラウドの時代

2010年代になると、データを自社のサーバーから、インターネット上のデータセンターの中で保有するという「クラウド」が一般的になりました。

特に、米国では2012年に「クラウド・ファースト宣言」がなされ、政府系のシステムはクラウドを基本とする方針が出されたことで、その存在が一気に浸透しました。

日本においても、2018年に日本政府による「クラウド・バイ・デフォルト原則」が出され、今やシステム構築はクラウド上で行われるのが一般的になっています。

そして「ローコード・ノーコード」というのは、このクラウド上での使用が大前提になります。すなわち、ローコード・ノーコードの技術そのものが、クラウドあっての技術である、ということは最低限押さえておく必要があります。

こうして簡単に振り返ってみると、一連のＩＴ業界における技術革新の歴史は、言い換えれば「コストダウンの歴史」でもあります。

例えば、ミニコンやオフコンといわれていた時代のシステムは、最低でも数千万円のコストが必要であったものが、Windowsを搭載したパソコン（クライアント・サーバーシステム）でシステムが構築されるようになると、数百万円くらいのコストに下がりました。まさに5分の1～10分の1くらいにコストが削減になっているのです。

さらに、従来のクライアント・サーバーシステムによるオンプレミスが、インターネット上にデータを保存するクラウドになることで、従来は「買い取り」だったソフトウェアが、「使った分だけ支払う」というサブスクリプション方式（継続課金方式）へと変化しています。こうしたソフトウェアのことを、SaaS（ソフトウェア・アズ・ア・サービス）といいます。SaaSの出現により、それまでは数百万円前後で買い取っていたソフトウェアも、月額数万円で使用できるようになったのです。

さらに、近年では従来の「パッケージ」の機能をSaaSとして提供するプロダクト（＝単品SaaSということもあります）だけでなく、複数のビジネスプロセスをカバーしたプラットフォームとしてのローコード・ノーコードがクラウド上でSaaSとして提供され広く活用されるようになり、現在のＩＴ業界のメガトレンドをつくっているのです。

図表1-2　ITの技術革新は「コストダウン」の歴史

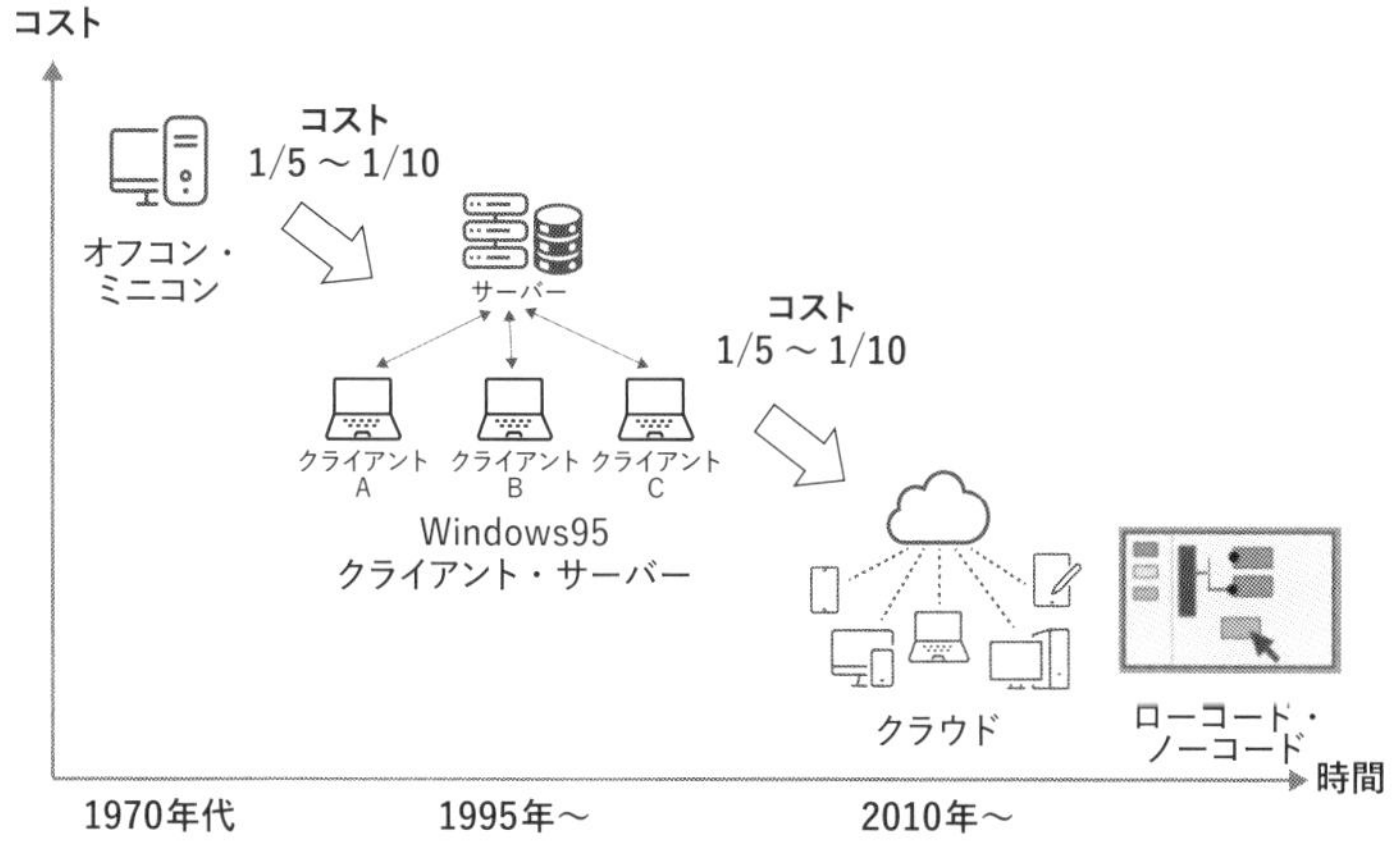

このように、ITの技術革新の歴史は「コストダウン」の歴史とも言い換えることができるのです。

「システムをつくらせる人」が押さえるべき、ローコード・ノーコードの基本

さて、それでは本書の主な読者対象と考えている「システムをつくらせる人（もしくはその立場にある人）」は、この「ローコード・ノーコード」といかに向き合っていけば良いのでしょうか。

ここでいう「システムをつくらせる人」とは、次のような方を想定しています。

- 社長
- DX担当役員（デジタル担当役員）

・経営企画など企画部門のスタッフ

いかに「ローコード・ノーコード」が簡単で、専門的な高いスキルがなくても良いとはいえ、「システムをつくる人」の側がプログラミング経験のないままゼロから習得するというのは現実的ではありません。

なぜなら、いくらプログラミングの知識が不要といっても、最低限のＩＴの知識は必要だからです。特にローコードになると、例えば汎用的なプログラミング言語であるJavaスクリプトやＳＱＬなど、最低限のプログラミング（コーディング／コード）の知識が求められます。

逆にいえば、社長や担当役員、あるいは企画部門のスタッフの方など、「システムをつくらせる人」は、ローコード・ノーコードの開発スキルを習得する必要はないということです。それ以上に、「システムをつくらせる人」は、次の５つのポイントを押さえる必要があります。

ポイント1：適切なツール選定

序章でも簡単に触れましたが、システムの領域として大きく「ＳｏＥ（顧客まわり）」といわれる領域と、「ＳｏＲ（基幹系まわり）」と呼ばれる領域があります。どちらの領域を使うかにより、適切なツールも異なるので、「システムをつくらせる人」にはこのツールを選定する役割があるのです。

また、ローコード・ノーコードツールは費用も千差万別です。自社の投資予算に見合うかどうかも含めて、まずは適切なツール選定が第一歩になります。

ポイント2：外部パートナーの活用

いかにローコード・ノーコードの開発が容易とはいえ、完全にゼロから自社で学習して導入する、というのでは時間がかかりすぎてしまいます。世の中の主要なローコード・ノーコードツールには、それぞれ導入支援を専門とするコンサルティング会社やエスアイアーが存在します。

導入の初期段階（構築段階）は、こうした外部パートナーを活用し、徐々に運用やカスタマイズを内製化していく、というのが一般的な方法であるといえます。

ポイント3：教育プログラムの活用

ローコード・ノーコードツールには、多くの場合、各ベンダーあるいはパートナー企業が提供している教育プログラムが存在します。

導入時には外部パートナーを活用するにせよ、スムーズな導入を促進するためには自社のシステム担当者にこうした教育プログラムをあらかじめ受講してもらい、概略をつかんでおくことは重要なことです。

ポイント4：成功事例の収集

どのローコード・ノーコードツールを採用するべきか、という点も含めて、実際に自社で使いこなせるかどうか、自社で活用できるかどうかの重要な判断基準の1つが「成功事例」です。

自社と同じ業態、あるいは業種の成功事例があればベターですが、それがなくても自身が成功イメージを持てるような事例を見つけ、自社に活かしていく視点も大切です。

ポイント5：完成したシステムを自身が使いこなせること

前述のように、経営者や担当役員の方などの「システムをつくらせる人」が、ローコード・ノーコードでシステム開発が行える必要はありません。ですが、完成したシステムについては、自身が使えること、使いこなせることが大前提となります。

図表1-3　「システムをつくらせる人」が押さえておくべき、ローコード・ノーコード開発のポイント

ポイント1：適切なツール選定
・「SoE」または「SoR」のどちらの領域をメインとして使うのか？
・自社の投資予算に見合うか？　ほか

ポイント2：外部パートナーの活用
・導入の初期段階（構築段階）は、外部パートナーを活用。
・徐々に運用やカスタマイズを内製化していく。

ポイント3：教育プログラムの活用
・各ベンダーあるいはパートナー企業が提供している教育プログラムを活用。
・自社のシステム担当者の方に、こうした教育プログラムをあらかじめ受講してもらう。

ポイント4：成功事例の収集
・自社と同じ業態、あるいは業種の成功事例があればベター。
・それがないにしても、自身が成功イメージを持てるような成功事例を知ることが重要。

ポイント5：完成したシステムを自身が使いこなせること
経営者や担当役員の方など「システムをつくらせる人」が、
ローコード・ノーコードでシステム開発が行える必要はない。
ただし、完成したシステムについては自身が使える、使いこなせることが大前提。

2種類のシステム投資、SoEとSoRとは

序章でも簡単に触れましたが、デジタル変革を実現するDX（システム）の領域として、

①SoE（システム・オブ・エンゲージメント：顧客まわり／フロントオフィス）

②SoR（システム・オブ・レコード：基幹系まわり／バックオフィス）

の2つの領域があります。先ほども述べたように、どちらの領域でデジタル変革を進めるかにより、選定するローコード・ノーコードツールも変わってきます。

この2つの領域のうち、システムとしての歴史が長く、従来のDXの対象分野となるケースが多かったのは、「SoR（システム・オブ・レコード）」の方です。

このSoRは、最終的に「会計情報」に紐づく情報を、間違いなくきっちりと記録（＝レコード）していく、という意味合いがあります。SoRの対象領域としては、先にも述べた通り次のものが挙げられます。

・会計システム
・販売管理システム
・労務管理システム
・生産管理システム

例えば「販売管理システム」は、仕入の管理や請求の管理を行うシステムで、最終的には売掛金・買掛金、回収・支払いといった形で全ての情報が会計に紐づくことがわかります。また、「労務管理システム」も給与計算や残業代の計算といった形で会計に紐づきます。「生産管理システム」は製造工程の原価管理や納期管理、工程管理という点で「販売管理システム」と連携しており、やはりこれも情報は会計に紐づきます。

ちなみに、こうしたSoR関連のシステムをひとまとめにした統合的なパッケージのことを、ERP（エンタープライズ・リソース・プランニング）といったりします。まさにERPの導入そのものをDXといったりするケースもあり、このSoRの領域は従来のDXの〝ど真ん中〟ともいえるでしょう。

これに対して、文字通り「顧客との関係性（＝エンゲージメント）」を高めていくことを目的としたシステム領域を、ＳｏＥ（システム・オブ・エンゲージメント）といいます。

このＳｏＥの対象領域も、先に述べた通り次のものが挙げられます。

- ＭＡ（マーケティング・オートメーション）
- チャットボット（Web接客システム）
- 名刺管理システム
- ＳＦＡ（セールス・フォース・オートメーション：営業管理システム）
- ＣＲＭ（カスタマー・リレーションシップ・マネジメント：顧客管理システム）

例えば、メールマガジン配信という形で〝顧客接点〟を有するシステムとしてＭＡがあり、チャットボットもWebサイトに訪れた見込み客との〝顧客接点〟となります。

また、交換した名刺をデータとして取り込むのが名刺管理システムであり、これも最初の顧客接点となります。

そして、ＭＡでナーチャリング（顧客育成）され、そこから具体的な商談が発生すれば、商談情報はＳＦＡに登録され、さらに受注後はＣＲＭへ情報が登録されます。

このように〝顧客情報〟と紐づき、顧客との関係性を高めていくことを目的としたシステム領域がＳｏＥなのです。

序章でも述べた通り、中堅・中小企業の場合、業績を上げることを目指すのであれば、ＳｏＲよりもＳｏＥの領域でデジタル変革を進めていくべきでしょう。

図表 1-4　2種類のシステム投資、SoRとSoEとは

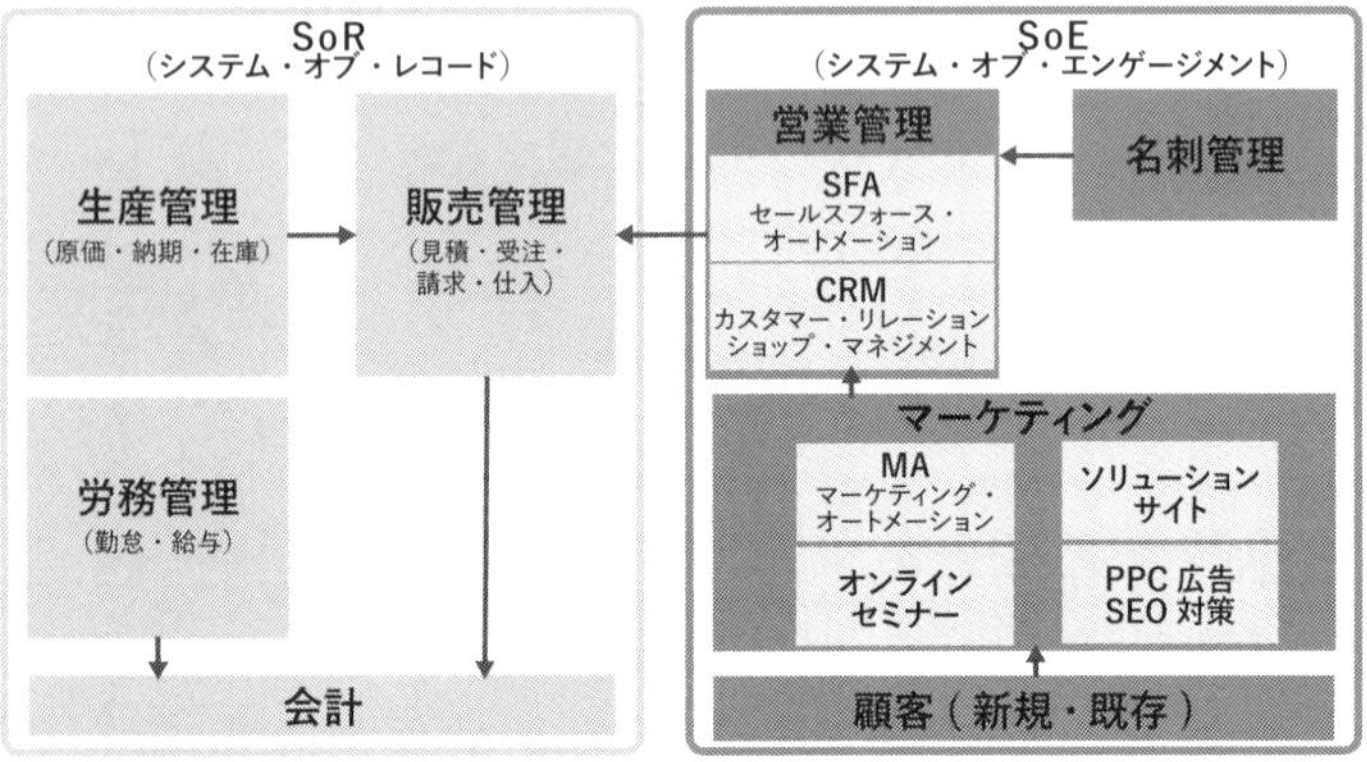

SoRのことを、
「バックオフィス」または「基幹系」と
表現することもあります。

SoEのことを、
「フロントオフィス」または「顧客まわり」と
表現することもあります。

市販されている代表的なローコード・ノーコードツール

ここからは、市販されている代表的なローコード・ノーコードツールを4つご紹介していきます。

なお、実際には世の中にさらに多くのローコード・ノーコードツールが存在します。ただしローコード・ノーコードとはいえ、実際には大手企業のシステム部門など、相応のリソースが揃っていないと導入が難しいツールが存在するのも事実。そこで、ここでご紹介する4つのツールは、現実問題として中堅・中小企業が導入可能と思われるものに対象を絞っています。

①Zoho（ゾーホー）

世界180カ国、25万社以上、9000万人ものユーザーを有する、世界トップクラスのローコード・ノーコードプラットフォームです。1996年に米国で創業し、2011年にインドに開発本社を設置しています。

２００１年には日本にも進出し、日本法人としてゾーホージャパンがあります。ローコード・ノーコードプラットフォームとしての完成度が高く、前述のＳｏＥからＳｏＲまで、ほぼ全てのビジネスプロセスを網羅しています。また、ＡＰＩ（Application Programming Interface：アプリケーションをつなぐためのインターフェース）や、iPaas（Integration Platform as a Service：SaaSを連携させるシステム）を完備しており、他システムとの連携に強みがあります。

②セールスフォースドットコム

ＣＲＭを中心としたクラウドのパイオニアです。ＭＡ、ＳＦＡ、ＣＲＭといったＳｏＥの領域に強みがあり、主に販売管理システムとして構築されているケースもあります。

金融機関や保険会社など、高い信頼性が求められる分野でも広く導入実績があり、大企業を中心に日本国内はもとよりグローバルに広く導入実績があります。

③キントーン（kintone）

サイボウズが提供する、国産のローコード・ノーコードツールです。SoR領域が中心となり、使いやすく現場主体のシステム内製を目的として導入されているケースが多いといえます。

業種別のサンプルアプリが用意されているため、すぐに使うことができ、各種パーツをドラッグ&ドロップなど直感的な操作で開発することができます。

④マイクロソフト　パワーアップス

マイクロソフトが提供するローコード・ノーコードツールです。カバー範囲としてはキントーンと同様にSoR領域が中心になります。

図表 1-5　市販されている代表的なローコード・ノーコードツール

プロダクト名	概要
Zoho	・世界180カ国、25万社以上、9000万人ものユーザーを有する。 ・SoEからSoRまで、ほぼ全てのビジネスプロセスを網羅。 ・APIやiPaasを完備しており、他システムとの連携に強み。
Salesforce	・CRMを中心としたクラウドのパイオニア。SoEの領域に強み。 ・大企業を中心に日本国内はもとよりグローバルに広く導入実績がある。
kintone	・国産のローコード・ノーコードツール。SoR領域が中心。 ・使いやすく現場主体のシステム内製を目的として導入されているケースが多い。
Microsoft Power Apps	・カバー範囲としてはキントーンと同様にSoR領域が中心。 ・マイクロソフトアカウントによるシングルサインオンや、マイクロソフトオフィスとの親和性が高いのが特徴。

やはり豊富なテンプレートが用意されており、エクセルやパワーポイントのような操作感覚で開発を行うことができます。また、マイクロソフトアカウントによるシングルサインオン（一度のユーザー認証によって複数のシステム利用が可能になる仕組み）や、マイクロソフトオフィスとの親和性が高いのも特徴です。

なぜＺｏｈｏは世界標準のローコード・ノーコードといえるのか

ここまでご紹介してきたローコード・ノーコードのうち、私たちが強く推薦したいのがＺｏｈｏ（ゾーホー）です。本書の第2章以降で取り上げる具体的な事例も、このＺｏｈｏを主体に記述を行っています。

Ｚｏｈｏの特徴については序章でも触れましたが、私たちがＺｏｈｏを強く推薦する理由は大きく次の4つです。

1つ目は、「ほとんど全てのビジネスプロセスを網羅している」という点です。

Ｚｏｈｏはもともとが CRM を主体とするローコード・ノーコードツールですが、SｏE 領域だけでなく、SｏR 領域も広くカバーしています。

すなわち、Ｚｏｈｏを導入すれば、自社の大半の領域においてデジタル変革を推進することができるのです。

2つ目は、「中小企業でも導入できるローコストなツール」という点です。例えば MA の場合、一般的なプロダクトであれば月額15～20万円、場合によっては50万円近くかかるものもあります。一方でＺｏｈｏの場合は、ほぼ同じ機能、あるいはそれ以上の機能を有していても、費用は10分の1～20分の1での導入が可能です。

これだけＺｏｈｏが安価にサービスを提供できる要因の1つは、最初から中小企業を対象としてプロダクト開発を行ってきたからなのです。

3つ目は、「拡張性の高さ」という点です。具体的には既存システムとの連携や、カスタマイズのしやすさが挙げられます。

まず、既存システムとの連携については、数多くのＡＰＩやＺｏｈｏプロダクトの中に、「Zoho Flow」というiPaasが用意されており、システム連携は非常に強いといえます。

また、例えば帳票作成等も、Ｚｏｈｏの標準機能の中で〝設定〟のレベルで簡単に作成することができますが、どうしても標準機能の中で対応ができないカスタマイズは、Deluge（デリュージ）という独自言語を用いることで任意の入力画面の構築もできます。

最後の４つ目は、「全世界で25万社以上が導入し、９０００万人以上のユーザーを有するグローバルなシステム」という安心感です。経営内容も良好であり、安心して同社のソフトウェアを使用することができます。

ここまで、第1章では、今ＩＴ業界に革命をもたらしている「ローコード・ノーコード」について述べました。第2章では、この「ローコード・ノーコード」の中でも、Ｚｏｈｏについて、さらに詳しく述べていきたいと思います。

第2章

Zohoで超高速に業績が上がる理由

Zohoの5つの特徴

世の中には数多くの「ローコード・ノーコード」ツールがある中で、第1章でも述べた通り、「業績を向上する」という観点で、中堅・中小企業向けに最もおすすめできるのは「Zoho（ゾーホー）」であると私たちは考えています。

Zohoを推薦する理由として、第1章の最後に4つ挙げましたが、改めてZohoの〝機能上の特徴〟として、次の5つを挙げることができます。

特徴1　全てのビジネスプロセスを網羅する品揃え（プロダクト）
特徴2　圧倒的なコストダウンを実現する価格優位性
特徴3　〝つながる〟ことを最優先したAPIによるプロダクト設計
特徴4　カスタマイズが容易なローコード・ノーコード
特徴5　〝内製〟を実現できる充実した教育環境

まず、Ｚｏｈｏは45以上のプロダクトから構成されており、マーケティング、営業・カスタマーサポート領域はもとより、データ分析領域から会計、在庫管理、人事・勤怠・労務管理、採用管理といったバックオフィス全般まで、全てのビジネスプロセスを網羅しています。

次にコスト競争力が圧倒的に高く、リソースの限られた中小企業であっても予算的に導入が容易であるといえます。

また、Ｚｏｈｏのプロダクト同士はもとより、すでに自社に導入している既存のシステムとの連携を容易に行うことができるので、連携に強いシステムであるといえます。

さらに、Ｚｏｈｏでシステムを構築した後の〝カスタマイズ〟が容易であることも大きな特徴です。そもそもローコード・ノーコードの特性として〝カスタマイズ〟が容易であることは前提条件ですが、Ｚｏｈｏの場合はその完成度が高い、ということです。

そしてローコード・ノーコードは「内製」を行っていくことが前提ですが、船井総研グループでもＺｏｈｏに関する実践的な教育プログラムを提供しています。Ｚｏｈｏそのものはグローバルなプロダクトですが、私たちの他にも日本企業を対象に実践的かつ体系的な教育プログラムが準備されていることも、Ｚｏｈｏの優位性です。

ではここから、こうしたＺｏｈｏの機能上の５つの特徴について、詳しく見ていきます。

特徴1　全てのビジネスプロセスを網羅する品揃え

企業のデジタル変革を進める上で、使用するデジタルツールの範囲がどれだけ広いか、つまり、できるだけ多くのビジネスプロセスを網羅できているかどうかは、極めて重要なことです。

Ｚｏｈｏが対応する各ビジネスプロセスの領域と、対応するプロダクトについて次に示します。

〈Ｚｏｈｏが対応する各ビジネスプロセスの領域と、対応するプロダクト〉

①マーケティング領域

Zoho SalesIQ（Web訪問分析、チャットボットアプリ）、Zoho Campaigns（メルマガ、ＳＮＳキャンペーン配信アプリ）、Zoho Social（ＳＮＳ一括管理アプリ）、Zoho PageSense（サイトコンバージョン最適化アプリ）など

②営業・カスタマーサポート領域

Zoho CRM（顧客管理、セールスフォースオートメーション）、Zoho Desk（問合わせ管理）、Zoho Assist（遠隔サポートツール）

③データ分析領域

Zoho Analytics（ＢＩツール）、Zoho DataPrep（データ処理ツール）

④業務コラボレーション領域

Zoho Mail（ビジネスメール）、Zoho Connect（ビジネス向けＳＮＳ）、Zoho Cliq（チームコミュニケーション）、Zoho Doc（文書作成）、Zoho Sheet（表計算）、Zoho Show（スライド作成）、Zoho TrainerCentral（オンライン配信、トレーニング）

⑤バックオフィス領域

Zoho Books（会計、請求書管理）、Zoho Inventory（在庫管理）、Zoho People（人事、勤怠、労務管理）、Zoho Recruit（採用管理）、Zoho Learn（ナレッジ・学習管理）

⑥デベロップメント領域

Zoho Project（プロジェクト管理）、Zoho Creator（カスタムアプリケーション作成）、Zoho Flow（システム連携ツール）、Zoho ServiceDesk Plus（ＩＴサービス管理ツール）、Zoho MDM（モバイル端末管理ツール）

いかがでしょうか。このように書き並べていくと、いかにＺｏｈｏが数多くのプロダクトを有し、全てのビジネスプロセスを網羅できているかがおわかりいただけたと思います。

このＺｏｈｏで自社のビジネスプロセスを構築すれば、これまでビジネス領域ごとに分断されていた情報が1つのプラットフォームに全て集約されるため、社内の各種情報に簡単にアクセスできるようになります。また、データの重複や、同じ情報を何度も手動で入れ直す、書き間違えや入力の揺らぎ（例えば、株式会社〇〇、（株）〇〇と人によって書き方にバラつきが生じるなど）も減少させることができます。

さらに、現場の課題として、別の担当者が行った顧客とのメールのやりとりが社内で共有されておらず、トラブル等が発生した際に会社としての管理体制に疑念を抱かれ、大きく信用を失うことも少なくありません。その点、使用するデジタルツールをＺｏｈｏに統一しておけば、次のことをすぐに一目で確認ができます。

- 顧客の自社のWebサイトの訪問状況
- 顧客のメルマガの開封、クリック状況
- 従業員とのメールのやり取り
- サポートサイトからの問合わせ内容
- アンケートの回答結果
- 商談の状況
- 発行した請求書

例えばこうしたことが、「全てのビジネスプロセスを網羅する品揃え」を有していることのメリットであるといえます。

特徴2　圧倒的なコストダウンを実現する価格優位性

Ｚｏｈｏ最大の特徴は、高機能であるにもかかわらず、他のローコード・ノーコードプラットフォームをはじめとするあらゆるプロダクトと比較し、圧倒的なコスト競争力を有している点です。その理由は大きく３つあります。

１つ目は、「ＰＬＧ（Product-Led Growth／プロダクト・レッド・グロース）」と呼ば

図表 2-1　全てのビジネスプロセスを網羅することによるメリット

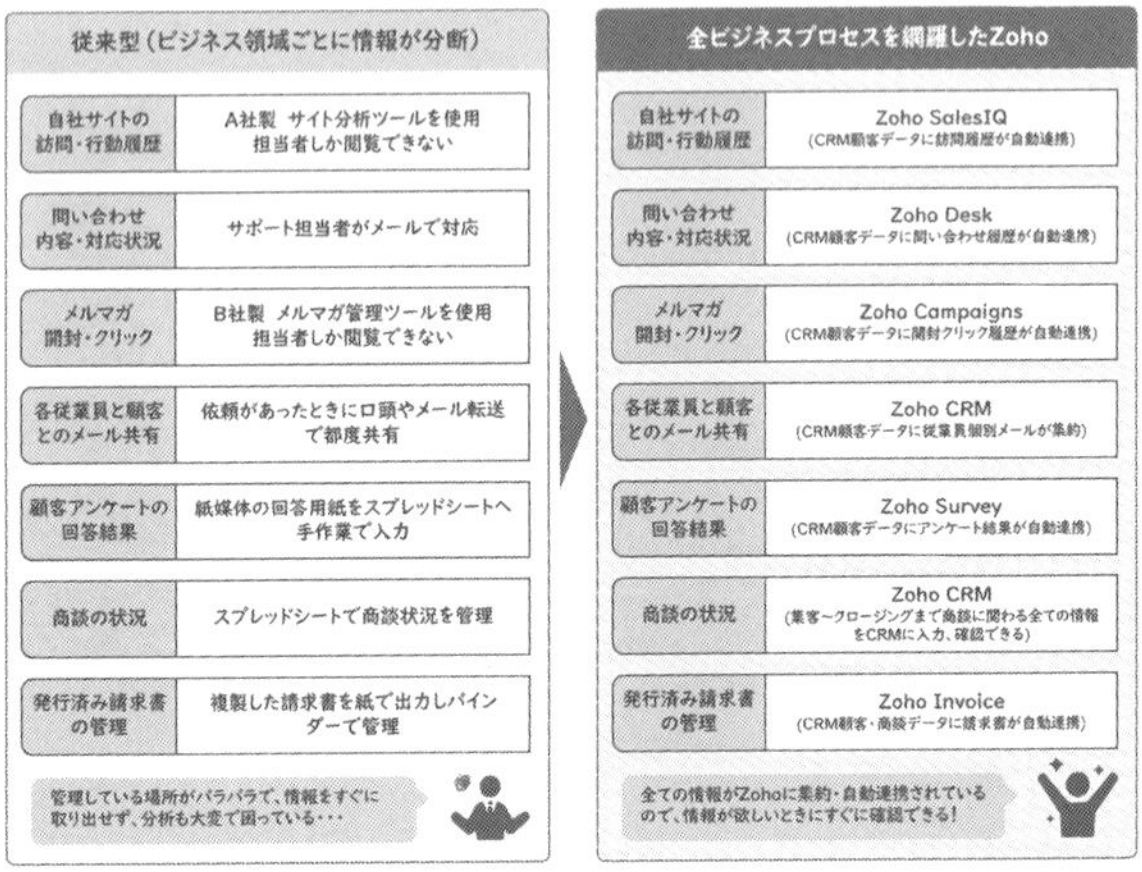

れるマーケティング手法を基本としていることです。ＰＬＧとは、文字通り「プロダクトがプロダクトを売る」というマーケティング手法のことです。

例えば、Ｚｏｈｏの中心プロダクトである、Zoho CRMのWebサイトにアクセスすると、無料でお試し登録を行うことができます。15日間は全ての機能を無料で試すことができ、かつ限られた機能のプランであれば永続的に無料で使用できます。

もちろん、使用する機能を増やすためには有料プランに乗り換えなければいけませんが、このように「人の手を介さず、プロダクトがプロダクトを売る」という手法を取ることで、膨大な数の営業要員を抱える必要がなくなるのです。

２つ目に徹底的に内製を行っている点にあります。Ｚｏｈｏは米国で創業し、日本をはじめとする世界１８０カ国以上で導入されていますが、開発はインド・チェンナイにある本社・開発拠点で行われています。同社の特徴は、一般の大学や大学院からエンジニアを採用するだけでなく、自社の企業内大学で育成した自前のエンジニアで開発を行っている点です。

米国のＧＡＦＡＭに代表されるビッグテックをはじめ、日本や世界中のＩＴ企業がソフトウェアの開発をインドで行っている理由は、優秀で人件費の安いエンジニアを大量に確保できる点にあります。まさに、そうしたメリットを全面的に享受している企業こそがＺｏｈｏであるといえます。

かつＺｏｈｏの祖業はデータセンターの監視ソフトウェアであり、同社そのものがデータセンターを構築して運用するノウハウを有しています。一般的には、アマゾンが運営するＡＷＳといった大手クラウド企業からデータセンターを借りることになりますが、Ｚｏｈｏを使用する場合は自前のデータセンターを使えるため、こうした徹底した内製化がＺｏｈｏの圧倒的なコスト競争力につながっているのです。

そして3つ目に、Ｚｏｈｏは初めからリソースの限られた中小企業をターゲットとして商品開発がなされている点が挙げられます。

自社でサーバーを維持管理しなければならない〝オンプレミス〟に対して、自社でサーバーを持つ必要のない〝クラウド〟は、第1章でも述べた通り、ＩＴ業界に大きなコストダウン効果をもたらしました。

そして、このクラウドのコストダウン効果を最初に享受できたのは、多国籍に展開しているグローバル企業です。こうして、各国ごとにサーバーを持つ必要がなくなったために、クラウドで提供されるSaaSそのものが多少高かったとしても、全体ではコストダウンにつながったのです。

ところが、日本の中小企業の場合、多くの商品やサービスは日本国内でしか展開していないケースも多くみられます。したがって、大手企業向けに提供されているSaaSを導入しても、コストダウンにつながらないどころか、下手をするとコストアップにつながりかねません。

その点、Ｚｏｈｏの場合は最初から中小企業が従来よりもコストダウンできるよう、プロダクトそのものの価格設定を行っている点

図表 2-2　Zoho が圧倒的なコスト競争力を持つ3つの理由

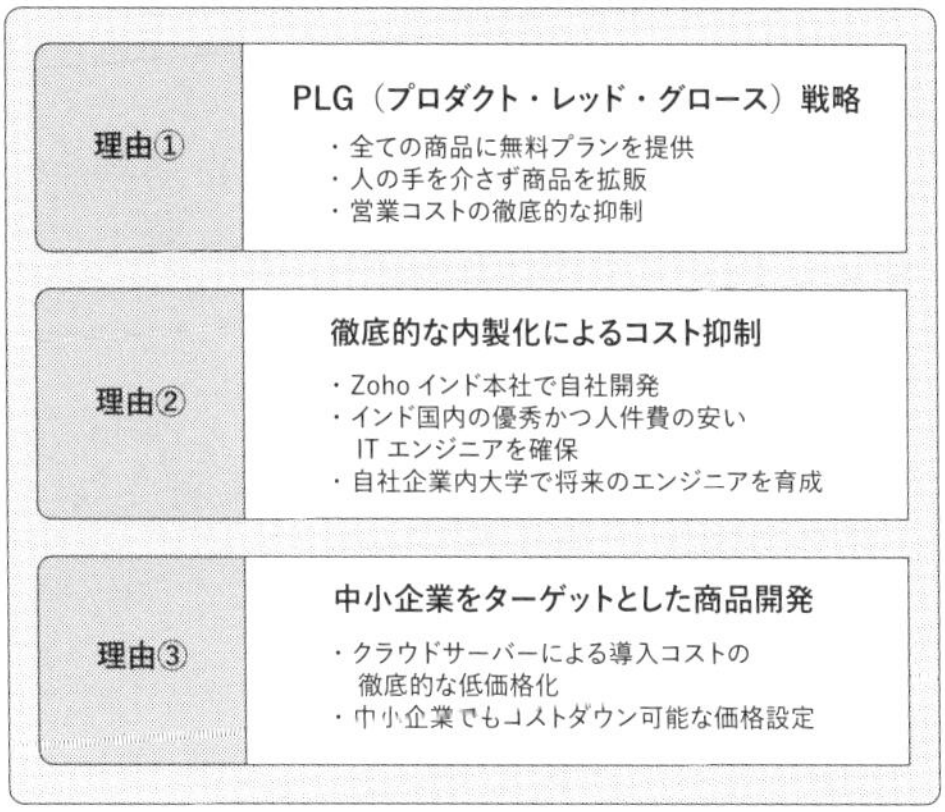
理由①
PLG（プロダクト・レッド・グロース）戦略
・全ての商品に無料プランを提供
・人の手を介さず商品を拡販
・営業コストの徹底的な抑制
理由②
徹底的な内製化によるコスト抑制
・Zoho インド本社で自社開発
・インド国内の優秀かつ人件費の安い IT エンジニアを確保
・自社企業内大学で将来のエンジニアを育成
理由③
中小企業をターゲットとした商品開発
・クラウドサーバーによる導入コストの徹底的な低価格化
・中小企業でもコストダウン可能な価格設定

が、圧倒的な価格競争力を有しているポイントといえるのです。

特徴3　〝つながる〟ことを最優先したAPIによるプロダクト設計

Ｚｏｈｏは「各業務のデータをつなげることで、新たな価値が創出できる」という、〝つながり〟を重視して、あるいは前提として全てのプロダクトが開発されています。その結果、Ｚｏｈｏアプリケーション内での連携はとても簡単に行えます。

例えばZoho CRMであれば、設定画面のマーケットプレイスを開き、連携したいＺｏｈｏアプリケーションのボタンを数回クリックするだけで連携が完了します。

そしてＺｏｈｏのプロダクト間の連携はもちろんのこと、Ｚｏｈｏ以外のアプリケーション連携も同様に、簡単に行えます。

例えば、グーグルが提供している各種サービス（Gmail、Googleカレンダー、Googleドライブ、Google Ads）や、マイクロソフトが提供しているMicrosoft365、オンライン会議システムのZoom、名刺管理システムのSansan等の主要なサービス、さらにサービスコミュニケーションに特化したＡＰＩのTwilio、メール配信ツールであるMailchimpといったサービスとの連携も、クリックするだけで簡単に行うことができます。

また、ＺｏｈｏはＡＰＩファーストのプロダクト設計を行っているため、各プロダクトにWeb APIが豊富に用意されています。例えばＺｏｈｏのWebサイト上には、Zoho CRMのＡＰＩだけでも数百種類が公開されています。

これらの公開されているＡＰＩを使えば、Zoho CRMに登録されている商談情報を自社システムに取り込んだり、自社システムの情報をZoho CRMへ反映させたりなどが容易に行えます。既存システムを残しつつ、Ｚｏｈｏを利用したい場合でも柔軟に対応できることもＺｏｈｏの強みの1つです。

また、〝つながる〟という意味で、ＡＰＩだけでなくＢＩの機能が強いこともＺｏｈｏの

（https://www.zoho.com/crm/developer/docs/api/v4/）

特徴です。ＢＩとは「Business Intelligence／ビジネス・インテリジェンス」の略語であり、企業の各部門が蓄積している膨大なデータの収集・蓄積・分析・加工を行うことで、経営的あるいは戦略的な意思決定を支援するツールを指します。

Ｚｏｈｏでは「Zoho Analytics」というＢＩツールが用意されています。Ｚｏｈｏに蓄積された膨大なデータは、このZoho Analyticsにドラッグアンドドロップするだけで、ノーコードで簡単にレポートを作成することができます。

また、グラフに表示されたデータをクリックすると、関連するデータのみ表示されるドリルダウン機能もあり、年別の売上グラフから、特定の年度をクリックしその年度の月別の売上グラフを表示させるなど、インタラクティブなダッシュボード作成が可能です。したがって、表計算ソフトでは年度別・月別・日別という別々のグラフをわざわざ作成する必要もありません。

さらに、Ｚｏｈｏには「Zia」というＡＩ搭載のアシスタント機能が標準で備えられています。例えば、Ziaに「今年度の売上のグラフを作成」とお願いすると、自動でグラフを作成することもできるのです。

このようにZｏｈｏは、Ｚｏｈｏのプロダクト同士、さらには他システムと連携できることはもちろん、蓄積されたデータをＢＩで簡単にわかりやすく加工できるなど、データの利活用という意味で高いアドバンテージを有しているのです。

図表 2-3　つながることを最優先する API によるプロダクト設計

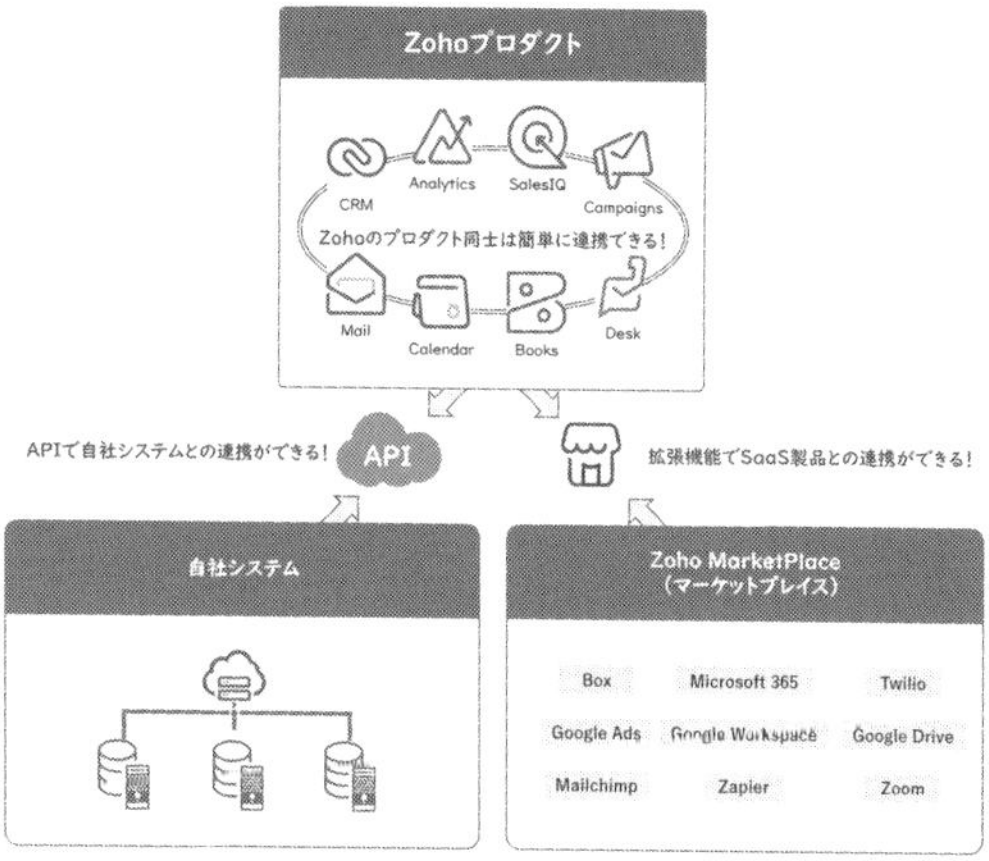

特徴4　カスタマイズが容易なローコード・ノーコード

Ｚｏｈｏはシステムを構築する際もそうですが、構築した後も現場の担当者が簡単にカスタマイズできるようにプロダクトが設計されています。

Ｚｏｈｏの多くのプロダクトで、標準機能として「ノーコード」でアプリケーションに項目を追加する機能や、ＵＩ（User Interface／ユーザー・インターフェイス：操作画面のこと）を変更する機能や、自動処理を追加する機能などが用意されています。

これらはプログラミング言語の知識は不要で、ブラウザ上で項目をドラッグアンドドロップで組み立てていくだけで、自社の業務に合わせた自動化処理が容易に行えます。

さらにZoho CRMでは、クライアントスクリプトという画面表示を強化する機能も提供されています。このクライアントスクリプトを使えば、データ入力時に誤りがないか自動で検証して、エラー時はメッセージを通知する、入力されたデータに基づいて自動計算する、会社名から会社情報を自動入力する、郵便番号を入力すると住所が自動入力されるなど、ＵＩを自社の業務に合わせて強化することも可能です。

また、「ノーコード」だけでは対応が難しい処理については、専用のスクリプト言語であるDeluge（デリュージ）を使用した「ローコード」開発機能も提供されています。Delugeは一般的なプログラミング言語と同様に、高度な制御構造や関数をサポートしており、Ｚｏｈｏの各プロダクトと連携しやすいタスク関数も提供されています。さらにWeb APIなどの外部システムにアクセスするための機能も提供しています。

さらにZoho Flowというシステム連携アプリ（iPaas：SaaS同士を連携させるサービスのこと）を使えば、いわゆるＩＦＴＴＴ（IF THIS THEN THAT）、「もし、これをしたらあれをする」という、特定の動作をしたときに別のツールやシステムで任意の動作を実行させることが可能になります。

このZoho Flowの強みは、Ｚｏｈｏ以外に連携できるアプリケーションが２０２３年４月時点で８００以上も用意されている点です。例えば、Google スプレッドシートにデータが追加されたら、Zoho CRMに顧客データとして新規作成し、Chatworkに通知するといった、複数アプリの連携もマウスによるドラッグアンドドロップで簡単に構築できます。

このように、「ローコード・ノーコードプラットフォーム」であるZｏｈｏなら、現場の担当者が「これをやりたい」と思ったとき、すぐに開発に取りかかることができ、その結果、様々な業務の自動化をすぐに行うことが可能です。

まさに現場担当者が自走してDXを進めることができるZｏｈｏは、いかに自社の生産性を高めることができるか、ということがご理解いただけるかと思います。

図表 2-4　カスタマイズが容易なローコード・ノーコード

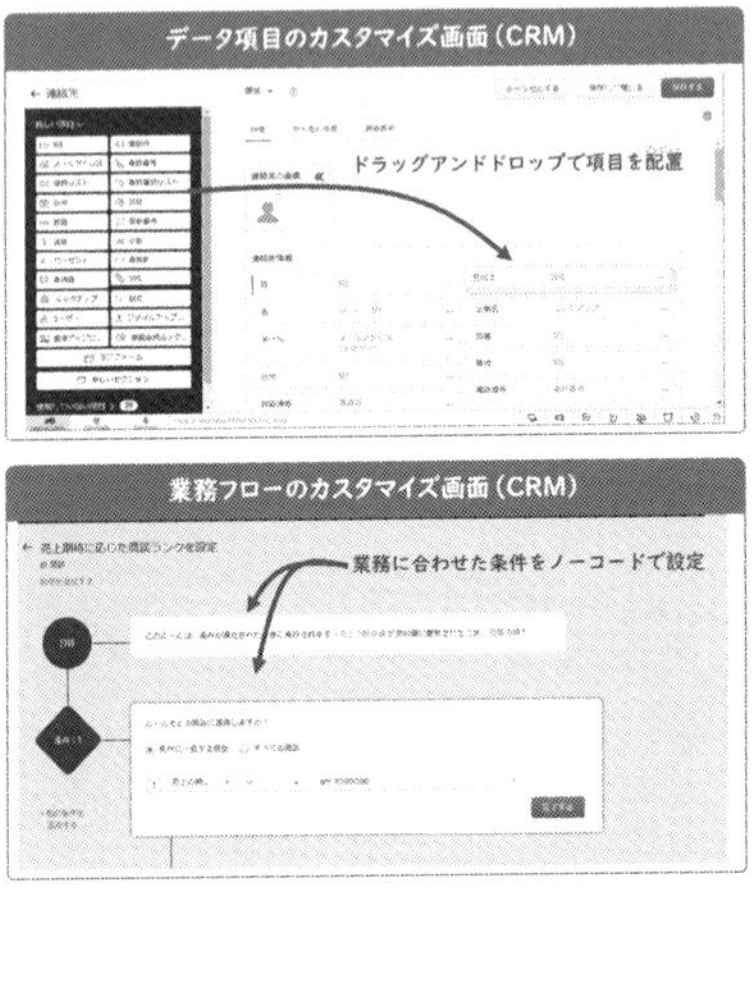

特徴5　〝内製〟を実現できる充実した教育環境

船井総研グループでは、ゾーホージャパン公認のＺｏｈｏ教育プログラムを提供しています。
（詳細は、こちらのＷｅｂサイトからご覧ください。：https://dx.funaisoken.co.jp/zoho/）

現在提供しているコンテンツは次の通りですが、今後さらにプログラムを充実させていくことを計画しています。これらの講座は受講すると試験を受けることができ、その試験に合格するとゾーホージャパン認定の公式な認定証が発行されます。

〈Ｚｏｈｏ教育プログラムで用意されている各講座〉
- Ｚｏｈｏ認定マーケッター講座
- Ｚｏｈｏ認定ＤＸ推進コンサルタント講座
- Ｚｏｈｏ認定ＭＡスペシャリスト講座
- Ｚｏｈｏ認定ＣＲＭ・ＳＦＡスペシャリスト講座

・Ｚｏｈｏ認定チャットボットスペシャリスト講座
・Ｚｏｈｏ認定顧客サーベイスペシャリスト講座
・Ｚｏｈｏ認定ＳＮＳマーケティングスペシャリスト講座
・Ｚｏｈｏ認定ヘルプデスクスペシャリスト講座
・Ｚｏｈｏ認定ＰＭスペシャリスト講座
・Ｚｏｈｏ認定ＢＩスペシャリスト講座

これらは全てeラーニングとして提供しています。また、このうち「Ｚｏｈｏ認定マーケッター講座（4時間30分）」と「Ｚｏｈｏ認定ＤＸ推進コンサルタント講座（4時間45分）」については、無料で提供しています。この両講座を受講いただくと、「Ｚｏｈｏで何ができるのか？」といったことを体系的に理解することができます。

さらに、「Ｚｏｈｏコミュニティ」というＺｏｈｏユーザー同士がコミュニケーションをとれる場所がＺｏｈｏにより提供されています。

Ｚｏｈｏに関して1人で解決できない問題や不明点があれば、このＺｏｈｏコミュニティに投稿すれば、ゾーホージャパンやＺｏｈｏユーザーから的確なアドバイスを受ける

図表 2-5 “内製”を実現できる充実した教育環境

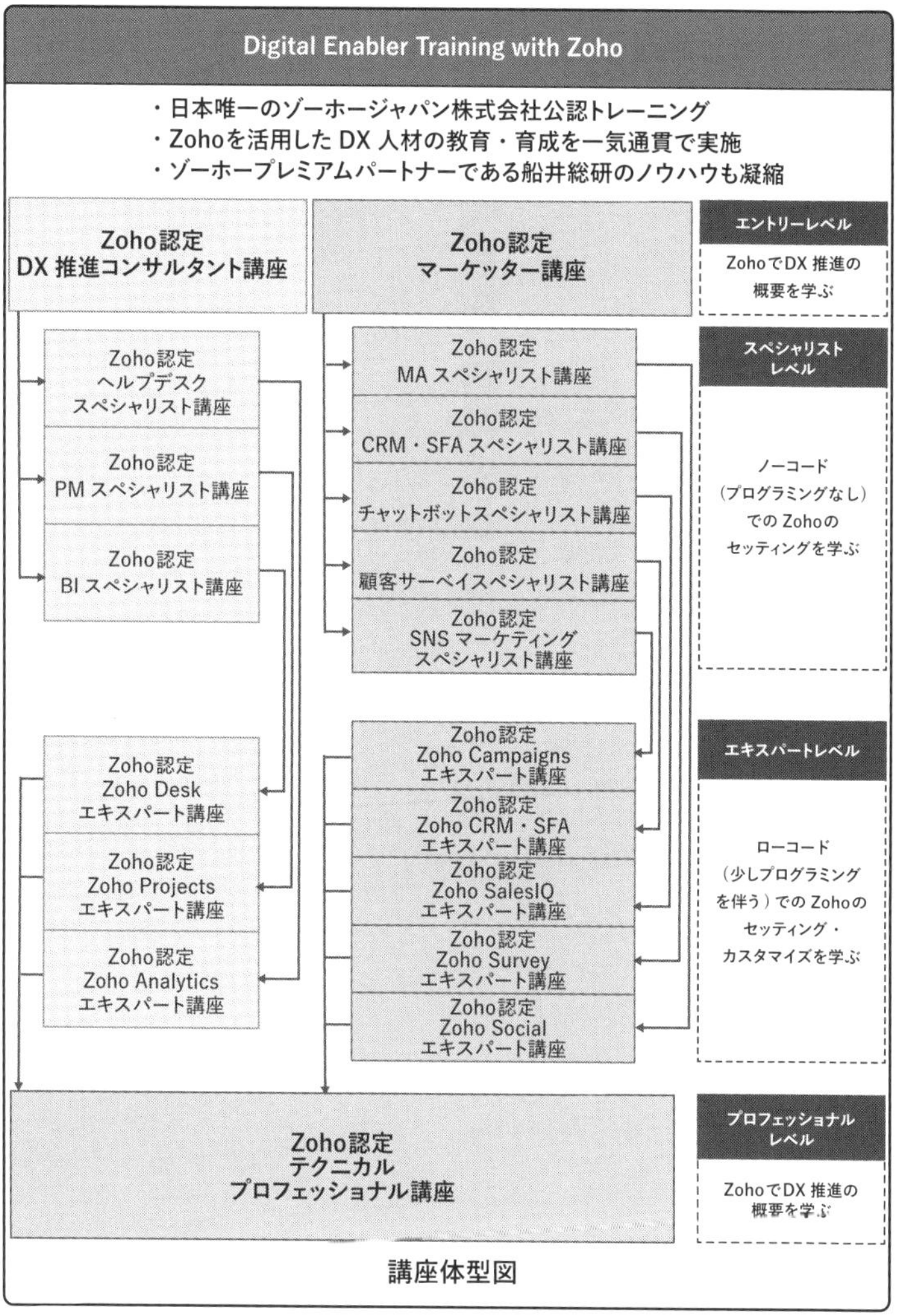

ことができます。

この場ではＺｏｈｏに対する改善要望が出されることもあり、実際にＺｏｈｏコミュニティの参加者の声をきっかけに、機能が追加される例も多数あります。Ｚｏｈｏコミュニティでは、オンラインフォーラムや交流会、管理者用のハンズオントレーニングの案内もされており、Ｚｏｈｏを活用したＤＸスキルを誰もが伸ばすことができます。

セキュリティ面も万全のＺｏｈｏ

ここまで、Ｚｏｈｏの５つの機能面の特徴から、いかにＺｏｈｏが中小企業のデジタルＤＸ化に最適なローコード・ノーコードプラットフォームであるかを述べてきました。

そして、最後に強調しておきたいのがセキュリティ面です。

いかに機能が高く、コストが安かったとしても、セキュリティ面が脆弱では導入は躊躇してしまいます。昨今のコンピュータウイルス感染やマルウェアの感染、不正アクセス、機密情報や個人情報の流出といった「セキュリティインシデント」の事例をみると、最新のセキュリティ対策が施されていることは、デジタルツールとしては必須の要素となってきています。

その点、自身がグローバルプラットフォーマーでもあるＺｏｈｏは、セキュリティ面でも世界トップレベルの対策が施されています。具体的にＺｏｈｏのセキュリティ対策は、アマゾンのＡＷＳやマイクロソフトのAzure（アジュール）、グーグルのＧＣＰ（グーグル・クラウド・プラットフォーム）などと同様のレベルでの対策を施しており、データのプライバシー保護も万全な体制で提供しています。

またＺｏｈｏは日本国内（東京・大阪）にデータセンターを有しています。したがって、万が一セキュリティインシデントが発生したとしても、全てのデータが日本国内の法律によって保護されます。

実際、第7章でも詳しく述べますが、私たち自らがコンサルタント全員（８００アカウント以上）にＺｏｈｏを導入し、基幹システムと連携させた上で顧客管理や営業管理、さらには社内ＳＮＳとして活用しています。また現在では、40万件を超えるメルマガ配信（ＭＡ：マーケティング・オートメーション）でもＺｏｈｏを活用しています。

船井総研グループは東証プライムの上場会社であるため、こうした社内のＩＴシステムについても、「ＩＴ統制」によって厳しい統制が課されています。実際、当社でもＺｏｈｏを導入するにあたり、何度もＰｏＣ（Proof of Concept：システム導入時の概念実証）を実施し、セキュリティ面の検証も情報システム部門が入念に行いました。特に、基幹システムとの連携が絡むので、こうした検証はかなり念入りに行いました。

こうした厳しいチェックを経て、当社もＺｏｈｏの導入に踏み切っていますので、いかにＺｏｈｏがセキュリティ面でも担保されているかがおわかりいただけるかと思います。

さて、このように優れた特徴を持つローコード・ノーコードプラットフォームのＺｏｈｏですが、実際に中小企業がどのように活用して、業績アップにつなげていけば良いのでしょうか。

第３章では事例も交えながら、詳しく述べていきたいと思います。

第3章

業績アップ戦略と成功事例：売上アップ編

業績アップに必要な2つの切り口「ビジネスモデル」と「ビジネスプロセス」

では、このローコード・ノーコードプラットフォームであるＺｏｈｏを活用し、どのように業績アップにつなげていけば良いのでしょうか。

その切り口となるのは、序章でも述べた「ビジネスモデル」と、「ビジネスプロセス」なのです。

序章でも述べた通り、ビジネスモデルとは「企業がどのようにビジネスを行い、利益を上げるのかを決定する戦略的な事業の型」ということができます。船井総合研究所では、業種ごとに、時流に適応させた旬なビジネスモデルのことを「ズバリ・ソリューション」と呼び、年間２００以上のズバリ・ソリューションを提供しています。

そして、ビジネスプロセスとは仕事の進め方であり、「ビジネスモデルを支える顧客接点までを含んだ業務プロセス」のことです。ＤＸ（デジタル・トランスフォーメーション）とは、このビジネスプロセスをデジタルにより最適化する取り組みを指します。

つまり、

ズバリ・ソリューション（ビジネスモデル）

×

ＤＸ（ビジネスプロセス）

というかけ合わせで企業変革を行うと、短期間の間に劇的な業績向上を実現することができるのです。

ビジネスモデル（ズバリ・ソリューション）については、序章あるいは先ほど述べた通り、業種の数だけ存在します。

しかしビジネスプロセス（ＤＸ）についていえば、ある程度の業種に共通化できるレベルで単純化することができます。具体的に、業績向上に直結する「ＳｏＥ（システム・オブ・エンゲージメント：顧客まわり／フロントオフィス）」分野においては、次の式に因数分解して説明することができます。

〈DXで業績向上につなげるための方程式〉

売上 ＝ 案件数 × 受注率 × 平均単価

実際にはビジネスモデルごとに、もっと細かく因数分解をすることができますし、業種ごとにKPIも異なります。しかし、デジタルを活用して業績向上につなげていく、という観点では、全ての業種・ビジネスモデルについて右の方程式で説明することができると考えます。

「売上」は先ほどの方程式の通り、「案件数」と「受注率」、さらに「平均単価」を〝かけ算〟したものです。つまり、「売上」を上げるためには、「案件数」を増やすか、「受注率」を上げるか、または「平均単価」を上げる必要があります。あるいはこれら要素のうち2つ、または全てを上げるということも考えられるでしょう。

ここで「案件数」とは、商談数と言い換えることもできます。

また「受注率」は、成約率と言い換えることもできるでしょう。

そして「平均単価」とは文字通り、自社で取り扱っている商品（製品）、あるいはサービスの単価の平均値ということになります。
ここでポイントとなるのは、次の3つです。

①いかにデジタル変革によって「案件数」を増やすか
②いかにデジタル変革によって「受注率」を上げるか
③いかにデジタル変革によって「単価」の高い商品（製品）・サービスを効果的に売るか

図表3-1に、「業績を上げる方程式」の各要素を向上させるデジタルツールの役割について示します。業績向上に結び付けるDXとは、まさにこうした各ビジネスプロセスのデ

図表 3-1 「業績を上げる方程式」を向上させるデジタルツールの役割

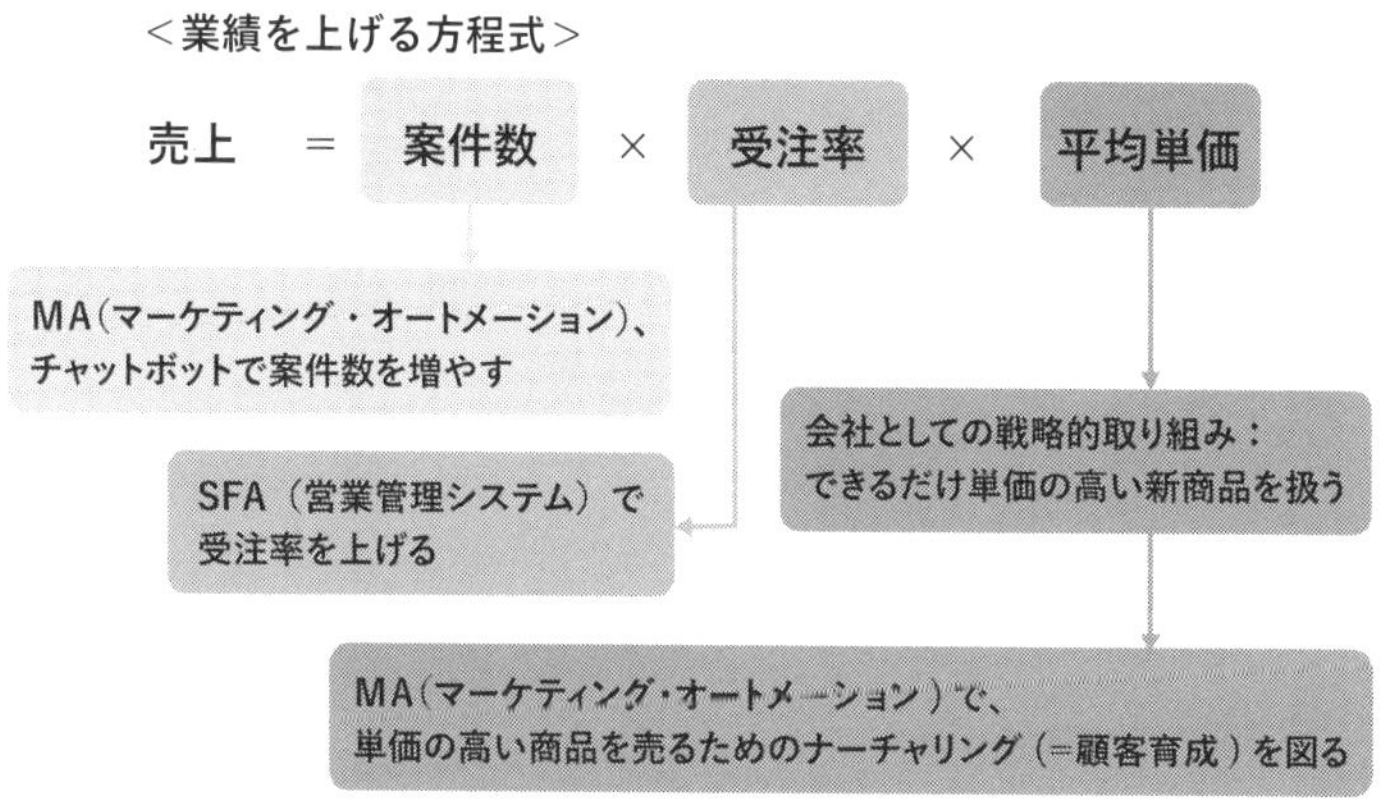

<業績を上げる方程式>
売上 ＝ 案件数 × 受注率 × 平均単価
MA（マーケティング・オートメーション）、チャットボットで案件数を増やす
SFA（営業管理システム）で受注率を上げる
会社としての戦略的取り組み：できるだけ単価の高い新商品を扱う
MA（マーケティング・オートメーション）で、単価の高い商品を売るためのナーチャリング（＝顧客育成）を図る

ジタルツールを〝つなぐ〟ということになります。

なぜローコード・ノーコードが売上アップに有効なのか

では改めて、なぜ、Ｚｏｈｏのようなローコード・ノーコードツールが「売上アップ」に有効なのでしょうか。

それは、先ほど述べた「ＤＸで業績向上につなげるための方程式」の領域、すなわちＳｏＥの領域というのは、会社ごとにビジネスプロセスがバラバラだからです。

逆にＳｏＲ（システム・オブ・レコード：基幹系／バックオフィス）の領域では、同じ業種・業態であればビジネスプロセスはどこもおおよそ似通っています。

したがって、販売管理や生産管理、労務管理、会計管理といったＳｏＲ領域であれば、「パッケージソフト」だったとしてもある程度はカスタマイズなしで使うことができます。

逆に従来のＩＴベンダーは、「あなたの会社の仕事の進め方（＝ビジネスプロセス）ではなく、このパッケージソフトの仕事の進め方（＝ビジネスプロセス）に合わせた方が効率は上がります」と言って、システムを販売してきた歴史があります。

ところがＭＡ（マーケティング・オートメーション：自動化）、ＳＦＡ（セールス・フォース・オートメーション：営業管理）、ＣＲＭ（カスタマー・リレーションシップ・マネジメント：顧客管理）といったＳｏＥ領域では、そうはいきません。なぜなら、繰り返しになりますが、このＳｏＥ領域というのは、仮に同じ業種であったとしてもビジネスプロセスが事実上バラバラであることが多いからです。

例えば、営業会議で使用する営業帳票ですが、財務関係の書類と異なり、その会社によって形式や種類がバラバラであることが一般的です。同じ業種の会社であっても微妙に取り扱う商品や、あるいは顧客の特性が異なると営業面の管理項目が異なってくるからです。

また〝案件発生〟から〝受注〟に至る受注プロセスも、同じ業種であっても会社ごとにバラバラであるケースが多いのです。例えばリフォーム会社において、ショールームでの接客を重視する会社であれば受注プロセスの中に「ショールーム誘導へのアポ獲得」「ショールームでの再訪問アポ獲得」といった管理項目が入るでしょうが、そもそもショールームを持たず人的営業のみで対応している会社の場合は、受注プロセスが異なるはずです。

それでも従来のＩＴベンダーというのは、先ほど述べたように「ＳＦＡやＣＲＭ分野においても、パッケージソフトに仕事の進め方を合わせてください」「その方が効率は上がるはずです」と、システムを売ってきた歴史があります。しかし実際には、パッケージソフトをそのままでは使い続けることができず、カスタマイズをしようとすれば高額な費用を請求された、というのはよくある話なのです。

あるいは、導入の段階でパッケージソフトを大きくカスタマイズした結果、そのソフトのバージョンアップにカスタマイズした部分が対応せず、後々に大きな問題になった、といったケースも多々あります。このように、費用の問題や技術的な問題から、本来行うべきカスタマイズを行うことができず、その結果、現場から「こんなシステムは使えない」と苦情が出たり、それが使われなくなったりするケースもあります。

そしてよく見られるのが、既存のＳＦＡ（営業管理システム）やＣＲＭ（顧客管理システム）だけでは結局管理がしきれず、こうしたシステムとは別にエクセルの帳票をつくり、システムとエクセル帳票とで二重管理を行っている、というケースです。

あるいは、見積りを作成している「販売管理システム」とＳＦＡとの連携が行えず、「販売管理システム」で作成した見積書と同じ情報を再度、ＳＦＡに手打ちで入力する、といったケースもよく見られます。

しかし、Ｚｏｈｏのようなローコード・ノーコードであれば、例えば従来はパッケージソフトのベンダーに数十万円、数百万円支払ってカスタマイズしてきた内容のことが、無料かつその場で簡単に修正できるようになります。

もちろん、この「無料かつその場で簡単に修正」というのは、そのローコード・ノーコードプラットフォームの「標準機能の範囲」に絞られますが、一般にＺｏｈｏに代表されるローコード・ノーコードプラットフォームというのは「標準機能の範囲」が非常に広いので、

・ここの画面に、この項目を追加してほしい
・この項目と、この項目を入れ替えたい
・この画面をエクセルで出力できるようにしたい

といった変更（カスタマイズ）であれば、ユーザーサイドでできてしまう、というのが最大の特徴です。

どうしても標準機能外のカスタマイズを行う場合は、専用の開発言語（Ｚｏｈｏの場合は前述のDeluge〈デリュージ〉）を使えば、カスタマイズは可能になります。とにかくパッケージソフトと異なり、ローコード・ノーコードというのは「簡単にカスタマイズを行う」ことを前提につくられているのです。

またＺｏｈｏの場合は特にそうですが、一般にローコード・ノーコードというのは他システムとの「連携」を重視してつくられています。Ｚｏｈｏの場合も第2章で述べた通り、ＡＰＩが用意されており、初めから他のシステムとの連携を前提に開発されています。

したがって、すでに自社で使っている販売管理システムなど、基幹システムと連携させる、といったことが比較的容易、かつローコストに実現可能なのです。

さらにローコード・ノーコードであれば「小さく始めて大きく育てる」ことが可能です。例えば本来的に、SoE分野のデジタル変革を実現しようとすると、ビジネスプロセスに対応するデジタルツールとしては、

①集客サイト（ソリューションサイト）／問合せフォームなど：最初の顧客接点
②チャットボット・ポップアップスクリーンなど／Web接客システム
③MA：顧客育成
④SFA：営業管理
⑤CRM：顧客管理

と、これら全てを統合して構築する必要があります。

しかし実際には、最初からこうした①～⑤を統合したシステムを立ち上げようとすると、計画を立てるのも大変ですし、色々な意味でリスクも高くなり、プロジェクトとして前に進めていくことが難しくなります。

その点、こうしたＳｏＥ分野のビジネスプロセスも網羅しているローコード・ノーコードプラットフォームであるＺｏｈｏの場合、まずは最初のビジネスプロセス（最初の顧客接点）である、自社の集客サイト（ソリューションサイト）への問合せフォームなどへのタグ埋め込み（前述の①に相当）と、チャットボットやポップアップスクリーン（同じく②に相当）からスタートして、チャットボットやポップアップスクリーンを設置したことによって「問合せ数（リード）」がしっかり増えた、という成果をもって、次のステップであるＭＡ（同③）に進み、さらにその後、ＳＦＡのステップに進み（同④に

図表 3-2　なぜ Zoho が売上アップに有効なのか

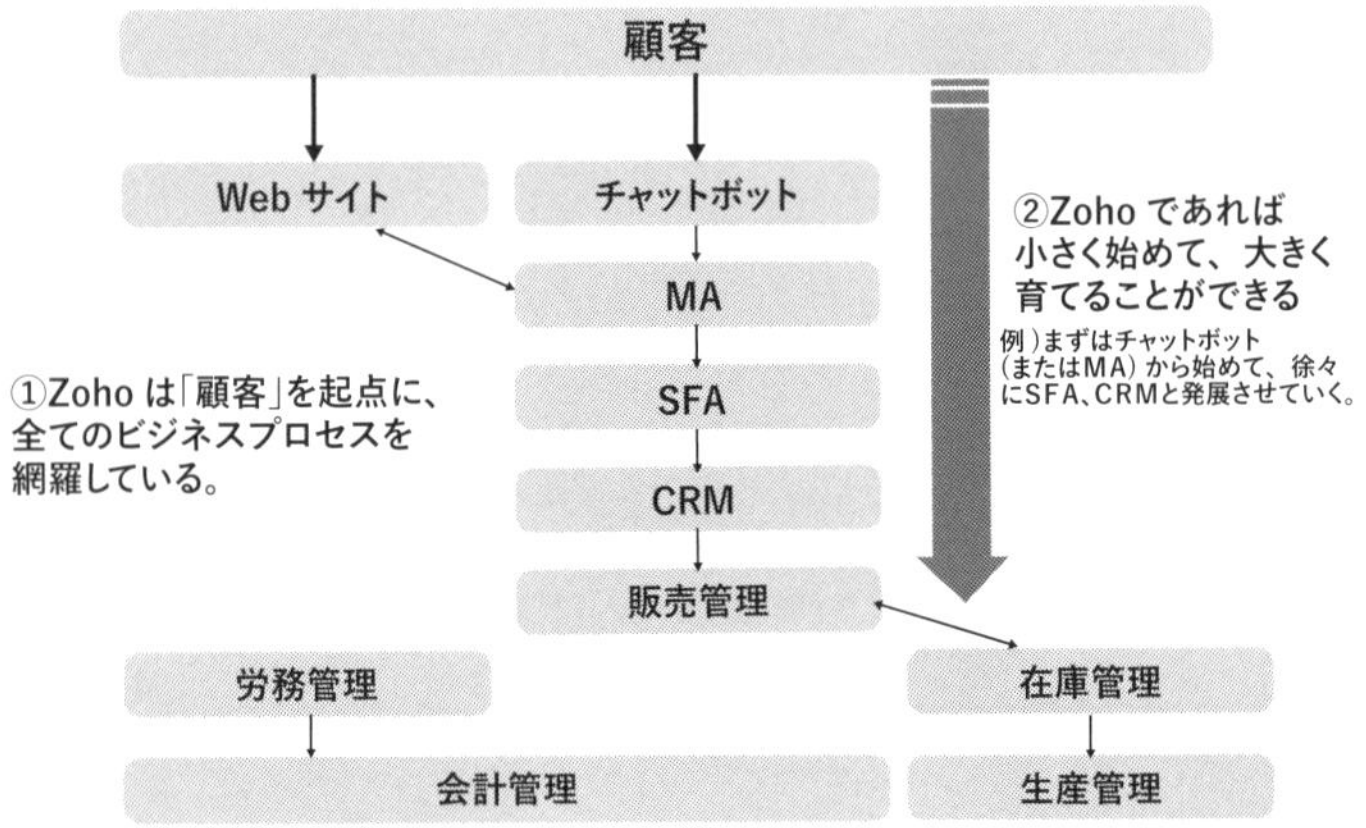

顧客
Web サイト
チャットボット
MA
SFA
CRM
販売管理
労務管理
会計管理
在庫管理
生産管理
①Zoho は「顧客」を起点に、全てのビジネスプロセスを網羅している。
②Zoho であれば小さく始めて、大きく育てることができる
例）まずはチャットボット（またはMA）から始めて、徐々にSFA、CRMと発展させていく。

相当）、そしてCRMのステップに進んで（同⑤）、最終的に「需要創出→受注」というSoE全てのビジネスプロセスを網羅させることができるのです。

本章の中でご紹介する数多くの「成功事例」も、こうした全てのビジネスプロセスを網羅している事例もあれば、ステップを踏みながらこれらのうち一部のプロセスに限定して取り組んでいる事例もあります。

いずれにしても、DXは「小さく始めて大きく育てる」という発想が必要で、Zohoであればそれが具現化できる、ということなのです。

Zohoによる売上アップ成功事例：①接客ビジネス編

ではここから、具体的にZoho導入の具体的な事例について述べていきます。本章では、売上アップの成功事例を中心に、大きく次のように分類してご紹介していきます。

①接客ビジネス編
②ＢｔｏＣセールス編
③ＢｔｏＢセールス編
④ＥＣ編

これら４つの形態は、それぞれビジネスプロセスが異なりますし、顧客特性も大きく異なります。ところが、ローコード・ノーコードプラットフォームであるＺｏｈｏであれば、このような異なるビジネスプロセスの全てに対応が可能であり、顧客特性が大きく異なる顧客に対しても適応可能なプラットフォームです。

これら４つのビジネス形態の特性の違いについて、図表３-３に示します。

こうした異なるビジネス形態であっても、Ｚｏｈｏで短期間に業績が劇的に上がる理由は大きく次の２つです。

〈理由1〉

Ｚｏｈｏはパッケージソフトではなく、ローコード・ノーコードプラットフォームなので、まるでレゴブロックを組み合わせるかのように、自由自在にその会社に合ったシステムを構築することができる。

〈理由2〉

ローコード・ノーコードの特性を活かし、その業界における最適なベストプラクティスのやり方をＺｏｈｏ上に実装することができる。

序章でも述べた「２００を超えるズバリ・ソリューション」を有する私たちが、Ｚｏｈ

図表 3-3　4つのビジネス形態の特性の違い

ビジネス形態	ビジネスプロセス	顧客特性
接客ビジネス	・お客様がお店に来店する	・一般消費者が対象 ・リピート客化がテーマ
BtoCセールス	・営業担当者がお客様に訪問する ・またはお客様が展示場等に来場後、営業担当者がお客様に訪問する	・一般消費者が対象 ・新規集客がテーマ
BtoBセールス	・営業担当者がお客様に訪問する	・法人が対象 ・価格競争の回避がテーマ
EC	・オンラインでビジネスを行う	・一般消費者が対象 ・LTV（顧客生涯価値）の最大化がテーマ

oというローコード・ノーコードプラットフォームを選択した最大の理由がこの点にあります。

ではまず、上記①の「接客ビジネス編」から見ていきたいと思います。

成功事例①

毎月50件の問合せ増加！チャットボットからの来店率30％を実現した自動車販売店

株式会社ファミリー様は、岐阜県に2店舗を構える自動車販売店です。

特に同社の可児《かに》店は、拠点敷地面積約８０００坪の超大型店舗を構え、軽自動車販売店舗を中心に普通車販売店舗、車検整備工場、鈑金修理工場を持ち、さらにガソリンスタンド、コインランドリー、フィットネスジム、カフェ、保育所を併設して事業として展開しています。在庫台数、販売台数、車検台数では、同地域でも圧倒的ナンバー1の企業です。

同社がＺｏｈｏを導入した理由は、それが「業績向上に直結する」と判断したからです。特に同社が重視したのは、チャットボットに代表されるＺｏｈｏの「Web接客」機能でした。

●チャットボット導入で、問合せ数が毎月50件増加

当初、同社のWebサイトから「車の見積り」「その他の問合せ」をしようとすると、Webサイト上の「お問合せフォーム」から問合せるしか選択肢がない状態でした。

ところが、実際問題として、この「お問合せフォーム」から問合せをされるお客様というのは〝ある程度の購入意欲〟を持ったお客様なので、一定以上のハードルがあります。

その結果、従来は「購入意欲はそこまで高くなくても、中長期的に自動車購入を検討しているお客様」を、取り逃がしている状態だったのです。

そこで同社では、Ｚｏｈｏのチャットボットを導入。自動車販売店のシナリオをチャットボットに組み込むことで、Webサイトを閲覧しているお客様に対して自動的にチャットボットが〝お声かけ〟を行い、その流れのまま、新たな問合せや来店予約を獲得することが可能となったのです。

その結果、専用フォームでは見られなかった層からの問合わせがチャットボットから舞い込むようになり、導入1ヶ月目で26件、3ヶ月目には43件の問合わせを獲得。現在では安定して、月50件の問合わせをチャットボットから獲得できています。

このチャットボットについては、「お問合せフォームに打ち込んでいたお客様がチャットボットに流れただけで、問合せの総数そのものが増えるわけではないのでは？」といった質問を受けることがよくあります。

しかし実際には、やはり「お問合せフォーム」から問合せをされるお客様は〝温度感の高いお客様〟であり、「チャットボット」から問合せをされるお客様は、明らかに前述のお客様とは異なる客層だったのです。その結果、お問合せ総数として毎月50件もの増加を実現することができたのです。

●チャットボット＋MA・CRM（SFA）との連携で来店率10倍を実現

チャットボットの導入により問合せそのものが増えたとはいえ、前述の通りチャットボット経由で流入してくるお客様は、「お問合せフォーム」から流入してくるお客様よりも〝温度感の低い〟お客様です。

あるいは、気軽に問合せができるということで、自動車販売とは関係のない問合せをいただくことも増えていきました。その結果、当初のチャットボット経由の問合せからの来店率はわずか3・8％と、他の流入経路と比較して明らかに低い数値となっていました。

そこで同社では、まずZoho CRMを活用し、チャットボットから問合せをしたお客様の「ステータス」を細かく管理することにしました。

それまでは、「対応したかどうかの有無」「来店したかどうかの有無」くらいの管理しかできていませんでした。

そこから、ステータスを細かく管理した結果、「未対応」「メール済」「不通」「メール済かつ不通」「通電済」といったステータス管理に加え、メールでのやり取りの履歴管理、複数回架電の際のやり取りの履歴もZoho CRMで管理を行うようにしました。また、ZohoのMA機能を活用することで、メールの自動配信なども行っています。

その結果、導入当初はわずか3・8％だったチャットボットからの来店率が、導入から2ヶ月後には、なんと39・5％と10倍以上に改善しました。その後も安定的に30％以上の数値を維持することができています。

こうした改善が効果的に行えるのも、Zohoがチャットボットのみならず、MAやSFA、CRMといった幅広いビジネスプロセスに対応できているからです。

さらに導入後、簡単にカスタマイズが行えるローコード・ノーコードであるからこそ、短期間の間に効果的な改善を行うことができたのです。

成功事例②

チャットボットからの新規LINEアカウントの毎月100件獲得を実現した接骨院

●コロナ禍をきっかけにLINEの活用が浸透

株式会社ハートメディカル様は、静岡市内を中心に6店舗を展開。整骨院や鍼灸院、美容整体サロンやジムと多角的に事業を展開されています。

コロナ禍をきっかけとして、接骨院でも予約制を導入するケースが増えました。その時、電話のみで予約に対応するのは大変なことです。そこで予約システム、あるいはLINE公式アカウントを導入して、患者様とのやり取りをスマートフォンで行うケースが増えました。

また、LINEアカウントなどの連絡先を取得することにより、予約の利便性が上がるだけでなく、プロモーションやイベントの告知、再診患者の呼び起こしなど、様々な活用が可能になります。

ハートメディカル様でも早い段階からLINEを導入しており、新規LINEアカウントの獲得を重視していました。新規LINEアカウントの獲得は従来、自社Webサイトで行っていましたが、自社Webサイトのさらなる利便性向上と、新規LINEアカウントの獲得を目的として、Zohoのチャットボットを導入しました。

●チャットボット導入1ヶ月で100件超の新規LINEアカウントを獲得

同院では、実際に行う問診と来院時に受けるよくある質問事項からQ&A形式で内容をまとめ、チャットボットを構築しました。そして、このチャットボットを自社Webサイトに実装したところ、わずか1ヶ月で101件もの新規LINEアカウントを獲得するこ

図表3-4　ファミリー様におけるZohoの活用

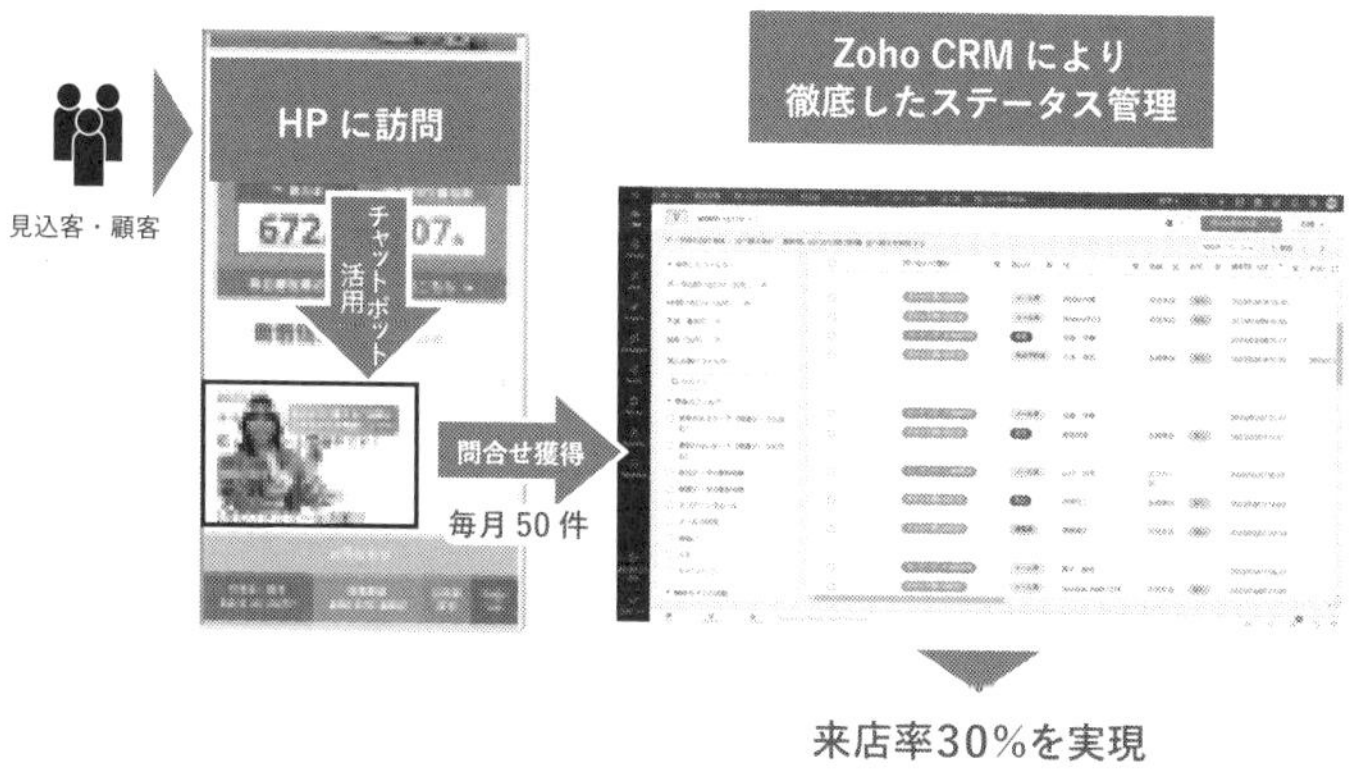

とができました。

さらに、チャットボットのシナリオを改良することにより、3ヶ月後には月次で153件もの新規LINEアカウントを獲得しました。その結果、もちろん新規に来院される患者様の数も増加しています。

加えて、このチャットボット経由で収集したデータから、Webサイト来訪者のニーズを把握することができるようになりました。チャットボットから収集したデータに基づき、自社Webサイトのコンテンツの修正や追加を行うことにより、さらにWebサイトからの問合せ率を上げることができるようになっています。

●さらに広がる治療院におけるZohoの活用

Zohoは様々なPOSレジシステムと連携することも可能です。こうしたPOSレジとZoho CRMを連携させることにより、次のような項目を自動的に把握することができます。

―

・リピート率

―

・離反率
・患者様それぞれの最終来院日
・1日の売上と商品別売上
・施術者別売上　ほか

例えば、右記のうち「患者様それぞれの最終来院日」を把握することができれば、いわゆる〝離反〟の予備軍（例：最終来院日から14日間以上来院がない）も瞬時にリスト化でき、離反を防止する対策を立てることができます。

従来は、こうした分析を行うためには、相応の工数を割いて情報を集め、分析を行っていました。チャットボットの導入という、ビジネスプロセスの「最初の顧客接点」に加え、

図表3-5　ハートメディカル様におけるZohoの導入例

顧客管理（＝ＣＲＭ）といった領域までＺｏｈｏの活用を広げることで、治療院経営においても大きなメリットを獲得することができます。

成約率5ポイントアップを実現した歯科

●コンビニよりも医院数が多い歯科が生き残るためにはマーケティングが必須

今や日本の歯科医院の件数は６万８０００医院以上（２０２３年現在）であり、コンビニエンスストアよりも数が多い状況となっています。

一般的に、健全な医院経営のためには、１日30名以上の患者数の確保が求められますが、現在の過当競争の中では、マーケティングを行わずしてこの数値を達成することは極めて困難です。

一方で、歯科医院の特性として、経営者である院長は歯科医師という治療サービスを提供するプレイヤーでもあり、経営者としての時間の確保が難しいという構造的な業種特性があります。さらに、医院の従業員数は数名〜10名程度であるケースが多く、経営面を担う人材も組織内にはなかなか見当たらない中で、いかに成果の上がるマーケティング活動を行うのか、ということに課題を感じている医院が多いのです。

そうした中でも、効果的なマーケティングツールとして活用できるのがＺｏｈｏなのです。

●「いかに成約率を上げるか」が歯科経営のポイント

某矯正歯科ではかねてからマーケティングに力を入れており、特にWebマーケティングを強化していました。その結果、Webサイト経由での矯正治療の相談で、毎月数十名の方が来院されていました。

しかし、矯正歯科の治療というのは、場合によっては１００万円を超える高額な治療となります。来院された全ての方が実際に治療するのではなく、他の矯正歯科と比較するために来院されるケースや、話を聞いた結果、治療そのものをやめてしまうケースもあります。

この矯正歯科では、実際に来院された結果、治療まで進むケース（＝成約率）が約30％でした。つまり残りの約７割のお客様は他の歯科医院に流れるか、あるいは治療そのものを諦めてしまっているわけです。

ちなみに、こうしたWebサイト経由の来院というのは、来院１名あたり約３〜５万円のコストがかかってしまいます。なぜなら、Webサイトからの問合せを促すために、毎月一定のインターネット広告費をかけているからです。したがって、「成約率」が約30％ということは、治療開始患者様1名あたり約10～15万円のコストがかかることになります。

つまり、Webマーケティングを含むデジタルマーケティングを駆使し、いかに「集客数」を増やすかどうかも重要ですが、同時にこの「成約率」をいかに高めるかも歯科医院経営のマーケティング上は、極めて重要なことなのです。

●Ｚｏｈｏ導入で、成約率5ポイントアップに成功

まずこの歯科医院では、ＺｏｈｏのＭＡ（マーケティング・オートメーション）機能を活用し、来院される患者様が自院Webサイトの「どんなページの」「どんな情報を」「どれだけ」閲覧しているのかを把握することができます。

その結果、来院される患者様が「どんなことに興味があるのか」「どんなことに困っているのか」といった仮説を持ってカウンセリングを行うことができるため、カウンセリングそのものの精度が上がっていきました。

さらに、この歯科医院ではZohoを活用して、ご来院される相談患者様に、次の3回のメール配信を自動的に行っています。

・メール① 初回相談前の案内メール
・メール② 初回相談来院後の案内メール
・メール③ 検査診断後の案内メール

まず「メール① 初回相談前の案内メール」では、

・医院の特徴や過去の治療患者の治療例

を記載し、来院をキャンセルしないようにすることや、ご安心いただけるような医院のブランドイメージを伝えることを目的としています。

次に「メール② 初回相談来院後の案内メール」では、

・次回来院時に得られる検査結果の内容
・矯正治療を受けられた患者様の感想動画、感想コメント

を記載しています。これは次回へのキャンセル防止を目的とすると同時に、治療を受けた場合のメリットを、よりイメージしていただくことが目的です。

そして「メール③　検査診断後の案内メール」については、

・矯正治療を受けられた患者様の感想
・当院の治療実績や対外的な評価

を記載し、治療のお申込みを希望いただくために、治療を検討している患者様の後押しをするような内容にしています。

もちろん、こうしたメール送付は手作業でも可能ではあります。ところが、手作業の送

付だと「送付ミス」「未送信」といったリスクに加え、何より手間（工数）がかかります。

そこで、Zoho CRMと連動させて、Ｚｏｈｏのメール配信機能でメール配信を行うことにより、送付ミスや未送信といったリスクを回避すると同時に、手間をかけることなく自動的にマーケティングを推進することができます。

同歯科医院では、こうした施策を重ねた結果、矯正歯科患者様の成約率を約5ポイント向上させることに成功しました。今後もさらにＺｏｈｏの活用を広げていく計画を立てています。

図表 3-6　歯科医院における患者様フォローのフロー例

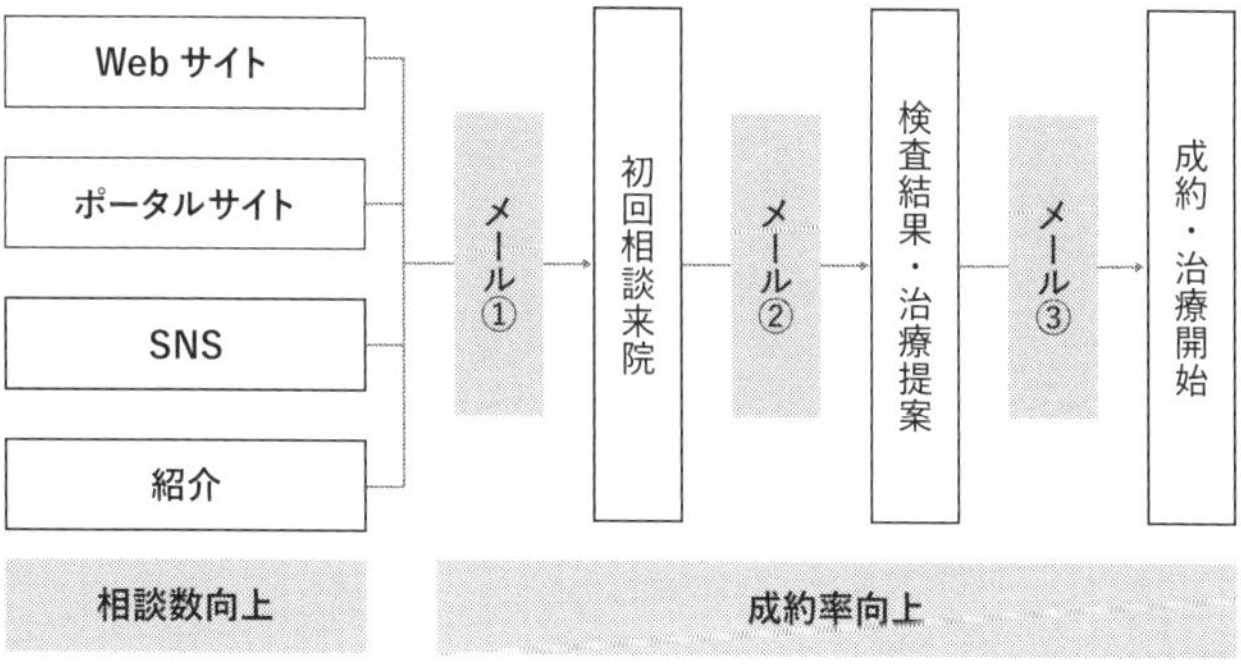

Ｚｏｈｏによる売上アップ成功事例：②ＢｔｏＣセールス編

では、ここからはＢｔｏＣセールスにおける成功事例を見ていきたいと思います。

本章の冒頭でも述べた通り、ＢｔｏＣセールスとは、主に「一般消費者」を対象とした営業のことを指します。ここでは「住宅会社」と、「不動産会社」の事例をお伝えしていきます。

成功事例④

ＬＩＮＥ経由の顧客管理の最適化と、毎月30組の集客アップを実現した住宅会社

株式会社住宅セレクション様は、神奈川県平塚市に本社を置く住宅会社であり、同時に不動産事業も手がけています。同社では自社店舗での相談から、住宅販売（建築請負）あるいは不動産売買につなげていく、という営業スタイルをとっていました。

●LINE経由での問合せと、その営業フォロー状況をZohoで「見える化」

そんな住宅セレクション様にとって、重要な営業ツールの1つがLINEでした。同社はもともとLINEアカウントを活用した〝お問合せ窓口〟を設置しており、年間1000件以上の問合せをLINE経由で獲得していました。ところが、このせっかくLINEを経由できていた問合わせも、従来は「どの問合せがフォローできたのか、できていないのか」がうまく管理できておらず、現場の営業担当者ですら現状把握が難しい状態でした。

そこで同社では、Zohoの導入を決断。ZohoとLINE公式アカウントを連携させることにより、LINEからの問合せ全てをZoho CRMの中で管理できるようになりました。

その結果、現場の営業担当者が実情を把握できるようになったことはもちろん、経営陣も「どの媒体経由の問合せが、最も受注に結び付きやすいのか」といった情報がリアルタイムで把握ができ、その結果、広告費の投入予算を最適化するなど経営面でも大きなプラスになりました。

●お客様のＬＩＮＥ〝ブロック〟を防ぐ施策をＺｏｈｏで実現

また、こうした集客活動にＬＩＮＥを活用する上での課題は、「いかにお客様からのＬＩＮＥブロックを防ぐか」という点にあります。

お客様からＬＩＮＥをブロックされてしまうと、それ以降は情報を送れなくなってしまうため、「どのタイミングで、どんな情報を送ってしまうと、ブロックされやすいか」といったことを、詳細に把握した上でＬＩＮＥを活用する必要があるのです。

その点、ＬＩＮＥとZoho CRMを連携させたことで、こうした詳細な把握・分析を行い、「この段階で、この内容のメッセージを送ると、ブロックされてしまう」といったことがわかるようになりました。

こうしたことは、ＬＩＮＥ公式アカウントとの連携といったＺｏｈｏの他システムとの連携面における強みに加えて、ＬＩＮＥ経由での見込客に対しての顧客管理などＺｏｈｏのカスタマイズ性の高さゆえに実現できたことです。従来のツールでは、こうしたことがなかなか実現できなかったのです。

●チャットボットの導入で毎月30組の集客アップを実現

また同社では、自社Ｗｅｂサイトに毎月1万件を超えるアクセスがあるものの、明らかにお客様の取りこぼしが課題になっていました。やはり、お問合せフォームで問合せをしてくるお客様はかなり温度感の高いお客様であり、そこまでの温度感ではないお客様を結果的に取りこぼしていたのです。

そこで同社ではチャットボットを導入。お問合せフォームで問合せをしてくるほどの温度感ではない見込み客を取りこぼすことが少なくなりました。

また、同社のチャットボットはシナリオが組まれているため、完全自動でお客様からの質問（チャット）に対して回答が出せるような設計となっています。その結果、営業時間外の対応もチャットボットで行えるようになりました。

こうした効果もあり、チャットボットを導入してからわずか1ヶ月で、同社はＷｅｂサイト経由での集客数を30組も増やすことができ、短期間で大きな成果を出すことができました。

同社で従来から課題になっていた、ＬＩＮＥ経由での問合せの管理からＺｏｈｏの活用

図表 3-7　住宅セレクション様における Zoho の活用①

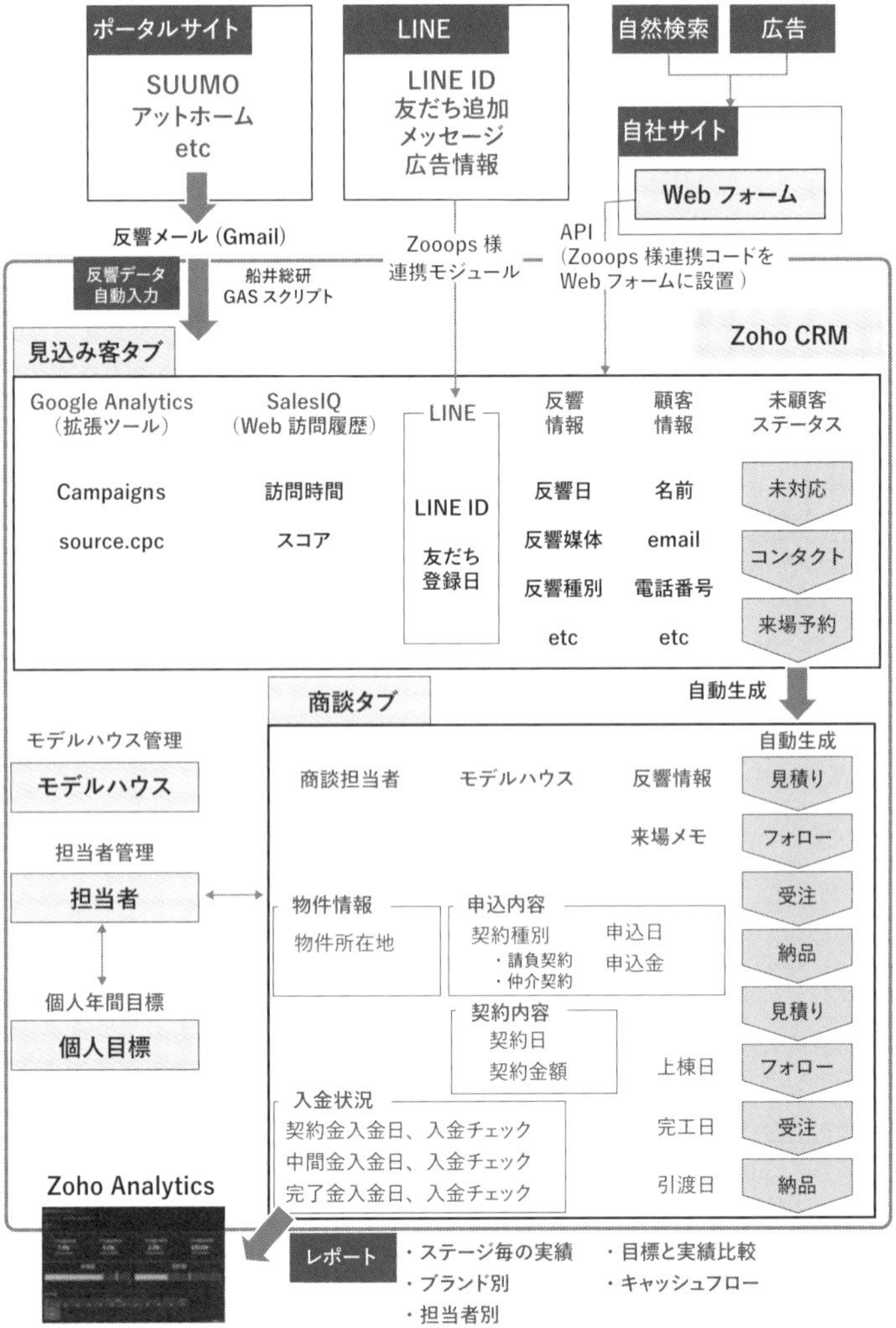

をスタートし、その後はチャットボットの導入を行いました。さらに、今後はＺｏｈｏによるＭＡ（マーケティング・オートメーション）の導入も計画しています。

このように、自社課題の内容に応じてＺｏｈｏを導入し、その後は徐々に活用範囲を広げていくという「小さく始めて大きく育てる」といった運用ができることも、Ｚｏｈｏの大きな魅力といえます。

同社は今後、Ｚｏｈｏを活用してさらなるデジタル変革を推進していく計画です。

図表 3-7　住宅セレクション様における Zoho の活用②

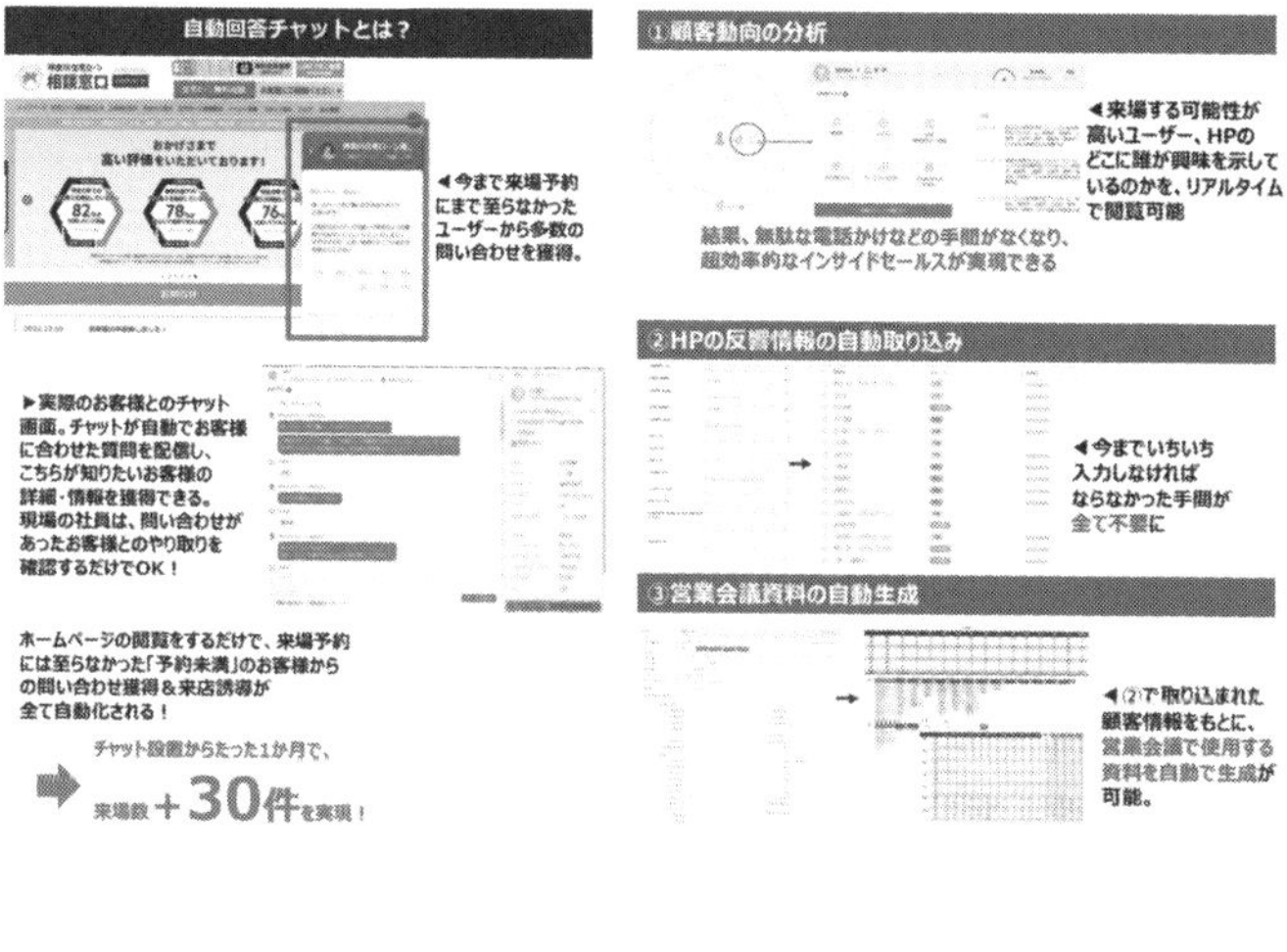

Ｚｏｈｏ導入２年で、業績２倍を実現した不動産会社

函館市に本社を置く株式会社アイーナホーム様は、不動産売買仲介・不動産買取販売、中古住宅リフォーム・リノベーション、建築請負業と多岐にわたり事業を展開されている会社です。社長ご自身が経営にＺｏｈｏをフル活用して、業績向上に結び付けています。

●Ｚｏｈｏ導入を決断した、同社の３つの経営課題

そんな同社も、Ｚｏｈｏを導入する前は、次の３つの経営課題がありました。

課題１……組織が拡大するにつれて、営業社員のマネジメントが困難になったこと
課題２……毎月獲得した営業案件へのフォローの取りこぼしが顕在化していたこと
課題３……不動産や建築など、事業ごとに異なるＫＰＩやＫＧＩの複数データをエクセルで管理することの限界

特に、同社の場合は右記の通り、不動産・建築といった異なる事業を広く展開しています。また、拠点が増えるごとに管理するデータも増えるため、経営数字の管理に頭を悩ま

されていました。

様々なパッケージの販売管理システムの導入も検討しましたが、自社の成長に伴って柔軟にシステムを拡張・修正できるローコード・ノーコードが自社にとってベストと判断し、Ｚｏｈｏの導入に至りました。

●Ｚｏｈｏ導入で実現できた5つのメリット

そして同社では、Ｚｏｈｏを導入した結果、次の5つを実現することができました。

①ＭＡによる商談の取りこぼし防止と、新規商談の創出

これまでは事業別に存在する自社サイトや各種ポータルサイトからの問合せにおいて、すぐに不動産購入や不動産売却に至らないお客様、あるいは成約に至らなかったお客様に対してのフォローは、全て営業担当者任せにしていました。

しかし、Ｚｏｈｏ導入後は会社でこうした見込み客の一元管理を実施。顧客属性別にＭＡを実施することにより、ある一定のスコアに達した見込み客を、営業担当者に割り振れるようになりました。その結果、これまで取りこぼしていた営業案件を成約につなげられ、

効率的な営業活動が行えるようになりました。

今では営業社員ではなく、事務社員が各媒体からの問合わせ反響に対応しており、営業社員が対応していた時よりも成果を上げることができています。

②CRM・SFAによる顧客情報の一元管理と、広告の費用対効果の最適化

従来は自社サイト、ポータルサイト、一括査定サイトなど、各種集客チャネルごと、事業ごとに分けて営業管理帳票を集計、管理していました。そこで、Zoho CRMを導入後は全ての顧客情報が集客チャネルごと、事業別に統合されて一元管理ができるようになりました。

この一元管理により、各事業部別に各種集客チャネルの引合い管理はもちろん、広告の費用対効果もあわせて管理ができるようになります。そのため、費用対効果が良い媒体に対して積極的に投資し、一方で費用対効果が悪い媒体は改善、あるいは継続するかどうかの検討もマーケティング会議で議論できるようになりました。

さらに、営業活動中の顧客状況も全てデジタル管理することで可視化され、引合い獲得から契約までの顧客状況を全て把握できるようになりました。

③SFAによる成約率の向上と、新人社員の早期育成の実現

これまで、同社はエクセルベースで営業案件の管理をしていました。また、営業案件の進捗を把握するための会議を週1回実施し、そこで案件の帳票を確認しながら会議を実施していました。

ZohoによるSFAを全営業担当者が導入することで、マネージャーが各営業担当者の顧客アンケートと営業活動状況のメモを確認し、リアルタイムで個別に営業社員に次のアクションの指示を出せるようになりました。

その結果、週1回の営業会議を待たずに、リアルタイムで営業プロセスからアクションのマネジメントまで実施できるようになり、営業担当者の成約率向上につながりました。

特に、業界未経験の営業社員に対して細かく管理・指示できるようになったので、若手社員の早期育成にもつながっています。こうして、業界未経験の社員でも活躍できる環境づくりができたため、人材を辞めさせず育てることが可能になり、離職率も5％以下を維持しながら組織の成長につなげられています。

④ＢＩによる全社・事業部別・営業社員別の業績管理と、各種ＫＰＩ管理、各営業課題の抽出・見える化

従来は、毎年作成している事業計画の今期目標と、事業部ごとで決めたＫＰＩを月次でエクセル管理していました。Ｚｏｈｏの導入後は、Zoho Analyticsで各事業部の予実管理がリアルタイムで一元管理・把握できるようになりました。

その結果、前述のＫＰＩの達成状況も同時に把握できるようになり、ＰＤＣＡサイクルを回すスピードが以前よりも格段に速くなりました。

⑤業務効率の向上による、営業活動に集中できる環境づくりの実現

これまでは、契約書の作成に1時間ほどを要していました。しかしＺｏｈｏ導入後は、Zoho CRM上に入力済みの顧客情報をもとに、わずか5分で契約書を作成できるようになりました。さらに、契約書を電子管理できるようになり、保存や検索も容易になりました。

また、従来は対面で行っていた不動産物件の契約時に必要とする重要事項説明（重説）を、オンラインで実施可能な〝ＩＴ重説〟も導入しています。こうした環境を実現できていたことが、同社の業務効率の向上にさらなる貢献を果たしました。

●一連のデジタル変革により、Ｚｏｈｏ導入2年で売上2倍を実現

同社ではこうした一連の取り組みにより、Ｚｏｈｏ導入後2年間で年商5・6億円から10億円突破を達成。売上総利益においても、2・7億円から5億円と約2倍にまで業績が向上しました。

「これだけ成長できたのは、Ｚｏｈｏを活用することで実績のマネジメント、プロセスのマネジメント、アクションのマネジメントができるようになったからだと思う」と、同社の山下社長は語られています。

Ｚｏｈｏを導入して何より手ごたえを感じているのは、事業部別にあらゆる経営データを管理し、可視化ができるようになったこと

図表 3-8　アイーナホーム様における Zoho の活用

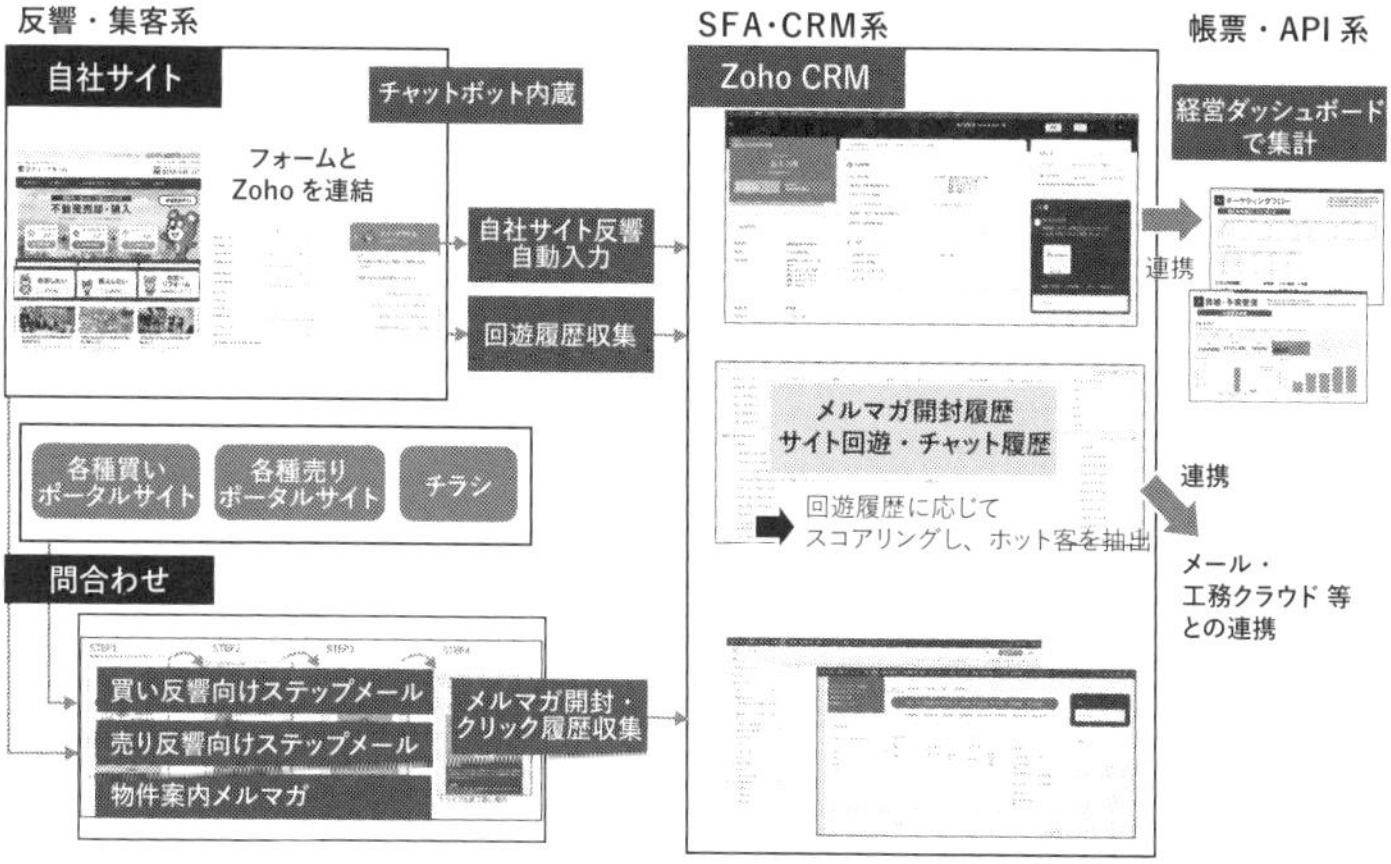

で、勘を頼りにしていた経営判断がデータをもとにできるようになったということです。同社の事例は、従来の「勘を頼り」にする経営から、Ｚｏｈｏ導入によるデータドリブンにシフトしたことで、大きな業績向上につながった顕著な成功事例といえるでしょう。

Ｚｏｈｏによる売上アップ成功事例：③ＢｔｏＢセールス編

ここからはＢｔｏＢセールスにおける成功事例を見ていきたいと思います。

本章の冒頭でも述べた通り、ＢｔｏＢセールスとは、主に「法人」を対象とした営業のことを指します。ここでは「司法書士事務所」「法律事務所（弁護士）」「製造業（部品加工業）」「生産財商社（販売店）」「運送会社」の事例をお伝えしていきます。

未経験の中途入社の社員を、営業担当として「即戦力化」する司法書士事務所

司法書士法人みつ葉グループ様では、未経験の営業担当者を採用し、不動産会社への新規開拓営業を行っています。「土地・建物の権利に関する登記など」を独占業務にする司法書士事務所にとって、不動産会社は不動産決済時や遺産相続時に発生する土地・建物の名義変更手続き（登記）の案件をご紹介してもらえる紹介元です。

司法書士事務所における不動産会社開拓の営業フローは次の通りです。

---

①社長・店長にアポイント取得
②訪問・ヒアリング
③不動産会社の営業担当者向け勉強会の提案
④定期フォロー

司法書士法人みつ葉グループ様では、新規アポイントを取得するために、コールセンターを外注しています。毎月、営業担当者1人あたり20件のアポイントを取得することを

目標にしています。

そして、同事務所の営業におけるＫＰＩとしては次の指標を設定しています。

・月間 既存＆新規訪問の合計件数：40件
・月間 新規アポイント取得数：20件
・月間 営業担当者向け勉強会提案数：10件
・月間 営業担当者向け勉強会開催数：５件
・月間 新規受注件数：２件

こうしたＫＰＩの達成も含め、同事務所の業績向上に貢献しているのがＺｏｈｏなのです。

●ＫＰＩを管理して、達成を促す同事務所のＺｏｈｏ活用

同事務所では、Ｚｏｈｏを次のように活用しています。

①Zoho CRMを活用した営業の進捗管理

Zoho CRMの導入により、毎日KPIの進捗状況の管理ができるようになったことで、KPI達成に向けて、具体的に行動をどのように変えるべきなのかが見えてくるようになりました。同事務所のKPI管理のダッシュボード（＝管理画面）の例を、図表3－9に示します。

例えば、なかなか売上が上がっていないような月であれば、既存訪問件数のKPIの進捗を確認していきます。売上が上がりづらい月はたいてい新規の訪問ばかり行っていて、既存のフォローが手薄になっていたという場合などがよくあります。

また、新規の開拓が上手くいっていない場合には、次項で詳しく述べる勉強会の提案数と勉強会開催数のKPIの進捗を確認していきます。

新規に対して2社に1件の割合で提案ができるはずの勉強会の提案が、今月はなかなか提案できていなかったというデータが出てくることがよくあります。これはつまり、営業担当者のヒアリング不足で、相手のニーズが発掘できていないことが原因である可能性が高いと予測できます。その場合、早めに営業のロールプレイング研修を実施しヒアリング力の見直しを行うようにしています。

②Zoho Campaignsを活用した同事務所の勉強会へのメルマガ作成

同事務所では営業後のフォローとして、不動産会社向けの勉強会を2ヶ月に1回開催していました。従来の集客方法は主に紙のDMであり、各営業担当者の判断でDMを営業先に持参して手渡していました。しかし、手渡しのDMではアプローチできる数や層に限りがあったため、Zoho Campaignsを活用したメールマガジンによる集客に転換しました。

ローコード・ノーコードツールであるZoho Campaignsは、コーディングの知識は不要であり、配置する素材のドラッグアンドドロップのみでデザイン性のあるメールマガジンの作成ができます。

そのため、例えば1回の勉強会開催に対し、複数回のメールマガジンを配信する場合であっても、デザインや打ち出し方を容易に変更できるため、印象の異なるメールマガジンの作成ができます。

③Zoho Campaignsを活用したメルマガ送付後の分析

送信したメールマガジンは、自動的に開封率やクリック率がレポーティングされ、改善に向けた分析をすぐに行うことができます。また、「誰がメールマガジンを開封したか」

「誰がメールマガジン内のURLをクリックしたか」をZoho Campaignsの中で把握することもできます。

開封率の結果は、次回メールマガジンのタイトルやリード文の改善に活かすことができ、クリック率の結果はメールのコンテンツや構成の改善に活かすことができます。

また、文章内のURLをクリックしたユーザーは、コンテンツに興味関心がある確度の高いユーザーであるため、その後の個別アプローチ先として有力な候補となります。

●メルマガ集客とCRMが連動することの強み

現在では、Zoho Campaignsによるメルマ

図表 3-9　司法書士法人みつ葉グループ様におけるZohoの活用

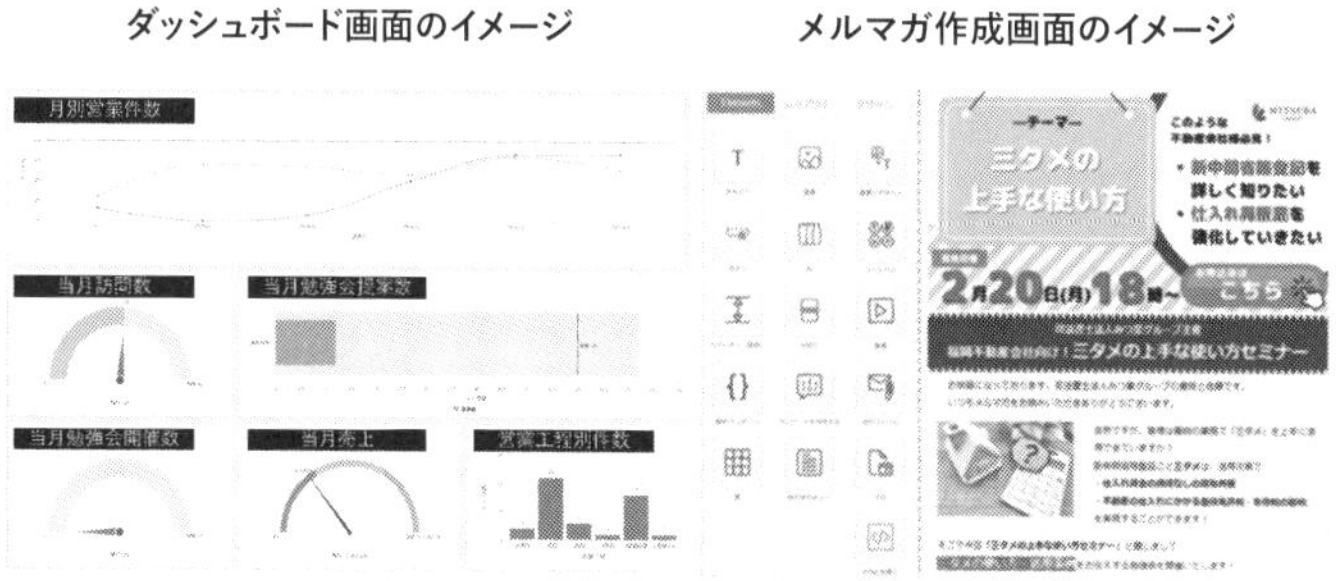

ガは、同事務所にとっての大きな集客の武器になっています。例えば、50件前後の勉強会参加者のうち、4割前後以上がメルマガからの集客となっています。

さらに、Zoho Campaignsは顧客管理システムのZoho CRMと連携しているため、Zoho Campaignsで送ったメールへの反応（開封・クリック等）はCRM上の顧客データと紐づけられます。営業担当者はCRM上の勉強会への参加実績や、メールの開封状況を確認した上で、確度が高い顧客へと効率的なアプローチができるようになります。

今後は勉強会への集客だけでなく、訪問営業後の段階的なフォローメール（ステップメール）の実装を計画するなど、司法書士法人みつ葉グループ様ではさらにZoho活用の幅を広げていく計画です。

成功事例⑦

チャットボット導入により、自社Webサイトからの問合わせが2倍になった法律事務所

前の成功事例では主にZoho Campaignsを活用した、司法書士法人におけるメールマガジン活用の事例をお伝えしました。本事例では、主にZoho SalesIQを活用した、法律事務所におけるチャットボット活用の成功事例をお伝えします。

大阪府の法律事務所（弁護士）、リーガルブレスD法律事務所様では、従来から自社Webサイト経由の問合せを重視したマーケティングを行っていました。従来は自社Webサイトへのアクセス数が約6000件／月で、そのうち8件前後が問合せになっていました。

しかし、以前の事例でも述べた通り、自社Webサイトの「問合わせフォーム」から問合せしてくるお客様は、〝温度感の高い〟お客様です。問合わせフォームだけでは、いわゆる〝温度感が高くない〟お客様が離脱してしまうことから、チャットボットを自社Webサイトに実装することで、こうしたお客様の取りこぼしを防ぐことができます。

実際、リーガルブレスD様でもZohoのチャットボットを導入することにより、同じ約6000件／月のアクセス数の中で、問合せ数は2倍の16件前後に増加させることができました。

●効果的なチャットボットシナリオ作成のポイント

チャットボットには、任意のトークフローを埋め込むことで「問合せ獲得・メルマガリスト獲得」への誘導ができます。

図表 3-10　法律事務所におけるチャットボットシナリオの例

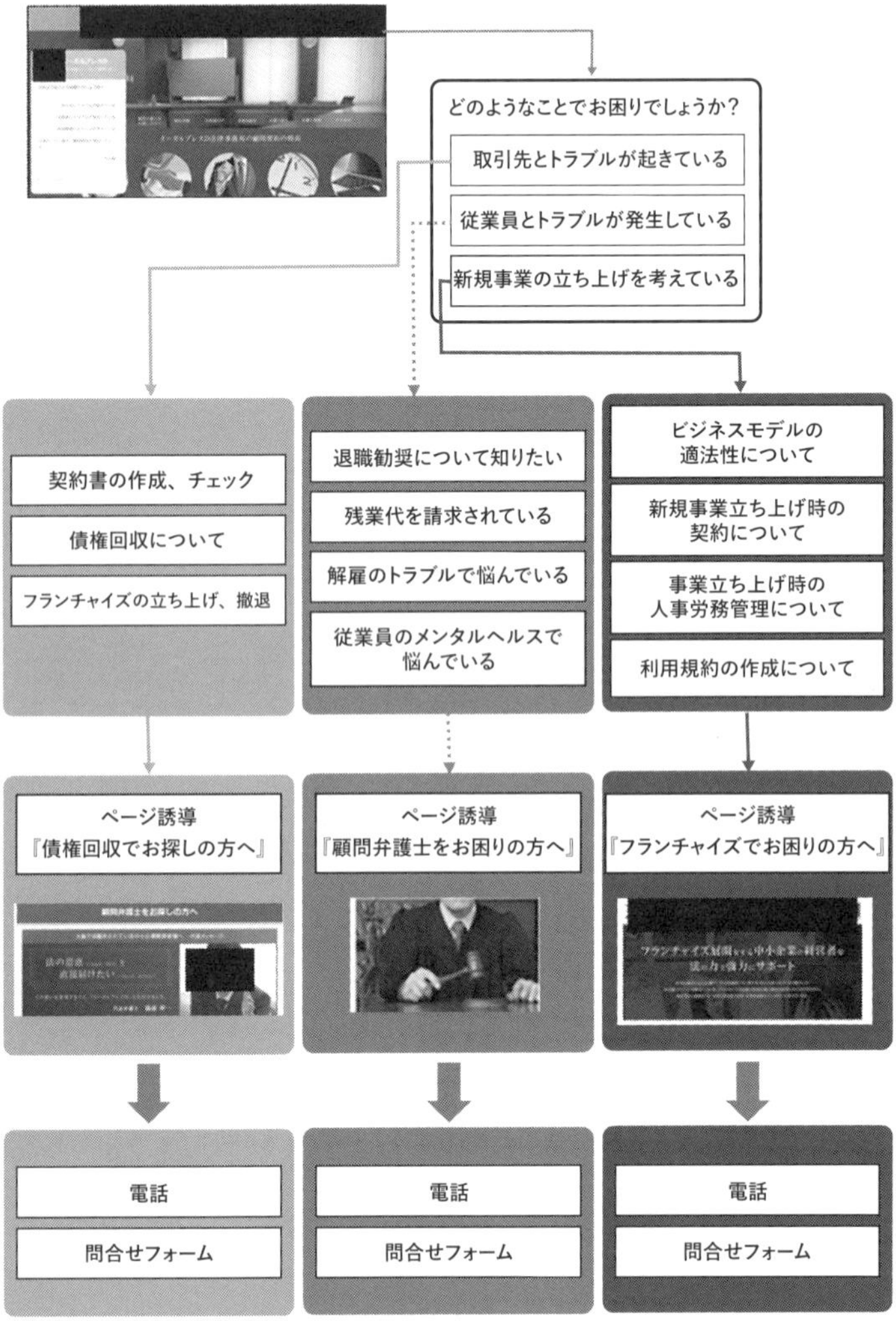

例えば、次のような会話フローで各種サービスページへ誘導します。

「どのようなことでお困りでしょうか？→取引先とトラブルが起きている→契約書の作成、チェック→契約書の作成対応のための『顧問弁護士紹介ページ』へ誘導」

これにより、TOPページから入った方が、迷うことなく目的のページを閲覧することができます。結果として、前述のような問合せ数の増加につながったのです。

チャットボット活用は、BtoC（一般消費者）向けだけでなく、BtoB（法人）向けであっても有効であることがよくわかります。

●集客管理から問合せ管理、顧問契約獲得までをZoho CRMで一元管理

こうしたZoho活用のメリットは、自社Webサイトからの集客管理に加え、お問合わせフォームやチャットボットからの問合せ管理、また案件発生から顧問契約獲得までの一連のプロセスを一元管理できる点にあります。

「チャットボット」「問合せフォーム」からお問合せを獲得し、Zoho CRMで「反響管理」「顧客データ登録」を自動で行います。この際、Zoho SalesIQでは、ホームページ上での見込客の動きを分析することができるため、「どのページを何分見た後に問合せしている

図表 3-11
法律事務所（弁護士）における業務フローと Zoho 活用の事例

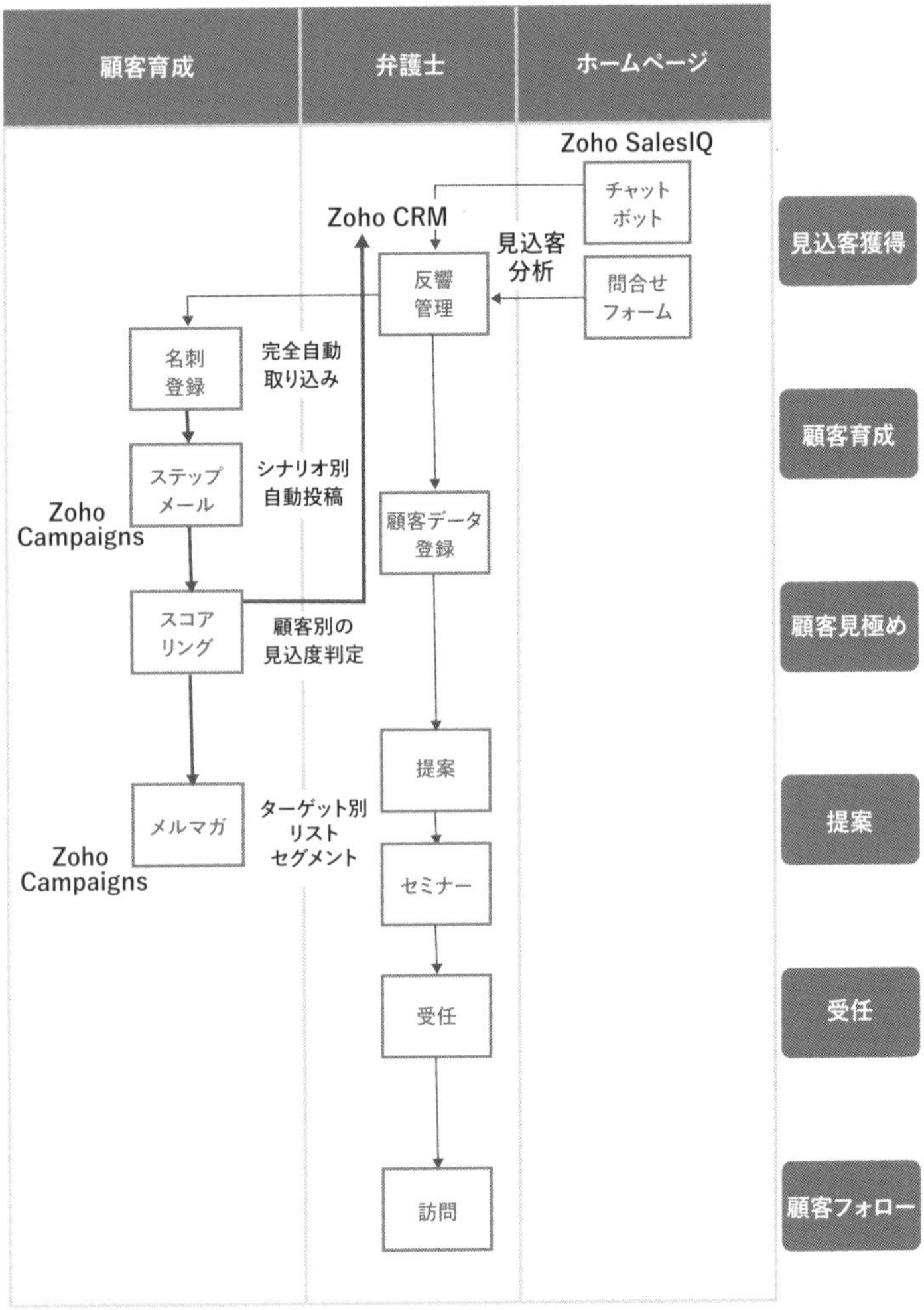

のか」等の潜在的ニーズを示す動きがわかります。その結果、何にお困りなのか理解した上で「提案」に臨むことができます。

さらに、顧客データに登録されたデータは、Zoho Campaignsのメルマガリストと紐づき、ステップメールの送付や、ターゲット別にリストセグメントされたメールマーケティングで活用することができます。また、自社が主催するセミナーへの集客に活用できることは言うまでもありません。

このように、司法書士事務所、法律事務所をはじめとする「士業」においても、Ｚｏｈｏの活用が広がっています。

成功事例⑧

上場会社クラスの優良顧客を続々新規開拓！特定顧客依存から脱却した町工場

京都府長岡京市に本社を置く株式会社木村製作所は、主に産業機械（工作機械）の精密部品加工を手がける機械加工業です。もともとは旋盤加工からフライス加工、研削加工までの一貫対応や、〝嵌合《かんごう》〟といった研削技術を強みとしていましたが、近年では産学連携を活用して「ナノ加工」といわれる超精密加工分野にも着手する、受託型加工業（いわゆる町工場）のモデル企業です。

そんな同社も、２０２０年から本格化したコロナ禍では既存顧客の売上が大きく減少し、既存の人的営業をカバーできる新たな営業手法が求められました。

そこで、同社が取り組んだのがＺｏｈｏの導入でした。

●ソリューションサイトから毎月40件前後の新規顧客リストを獲得

まず同社では、元々持っていた自社の「会社案内サイト」に加え、次の２つのソリューションサイト（集客サイト）を立ち上げました。

・超精密・ナノ加工センター．ｃｏｍ

・研削・切削加工センター．ｃｏｍ

この2つのソリューションサイトでは、毎月新しい技術情報や製品事例を追加することで、数多くの引合いの獲得ができるようになりました。そして、会社サイトからの引合いも合わせて、毎月40件以上もの見込み客リストを獲得できました。

同社の3サイトは、全てZoho CRMに情報が集約されるような連携設定がされているため、自動的に新規顧客のリストが同社に蓄積されていきました。

●MAによるナーチャリングで国内大手メーカーからの開発案件の引合いを獲得

同社では蓄積した新規顧客を含む顧客リストに対し、毎月アップした様々な技術情報をZoho Campaignsによるメールマガジンで配信しています。これは、Ｚｏｈｏのマーケティング・オートメーション（ＭＡ）機能により、メールマガジンの開封状況やクリックの有無、さらにWebサイトの閲覧状況も把握することで、誰が（どの企業）がどのような情報に興味関心があるのかというニーズをリアルタイムで把握できるようになりました。

実際にあったケースとして、国内大手半導体関連メーカーの試作開発担当者の方からの引合いです。

その試作開発担当者の方は、まず「超精密・ナノ加工センター．ｃｏｍ」に訪問し、設備情報や工場紹介ページを閲覧後に、超精密加工に関する技術資料をダウンロードされました。そして、継続的に届く同社のメールマガジンを閲覧し、半年後に再度ソリューションサイトにアクセス、技術コラムや事例・更新された設備情報を閲覧した後に具体的な新規案件につながったのです。

また案件の内容も、まさに同社が得意とする内容でした。これはお客様が同社のメールマガジンの継続的な閲覧によって同社への理解度が高まり、具体的な案件が生じた際に真っ先に加工先候補として挙がったと考えられます。

●Ｚｏｈｏで営業活動の効率化（選択と集中）を実現

また、同社では従来エクセルで管理していた営業活動体を、ＺｏｈｏのＳＦＡ機能を用いたものへの置き換えを決断します。客先の仕事量も減少しているタイミングでは、どの顧客に集中して営業活動を仕掛けるかが重要と考えたのです。

そこで、Zoho CRMのＳＦＡ機能を活用することで、どの企業の、どの案件が、どのような進捗かが一目で可視化できるようになりました。

営業会議においても、Zoho CRMのＳＦＡ機能を用いて進捗確認をすることで、フォロー案件の抜け漏れもなくなり、注力すべき企業や案件に集中した営業活動ができるようになりました。

さらに、Ｚｏｈｏのローコード・ノーコードという特徴を活かし、同社では営業活動に関する様々なデータやKPIを自社が使いやすいように可視化し、様々なレポートやグラフも同社の営業担当者が自由自在に作成しています。

これによって、同社の営業活動はさらに効率化すると同時に、顧客や市場のニーズを自社の製造部門でも把握し、新たな設備投資や技術開発に結び付けるという好循環が回るようになりました。

●2ヶ月に1～2社、上場会社クラスの優良顧客を継続的に獲得

同社ではこうした取り組みにより、半導体分野やEV（電気自動車）関連の成長産業を中心に、2ヶ月に1～2社ほどのペースで、

図表 3-12　木村製作所様における Zoho 導入の事例

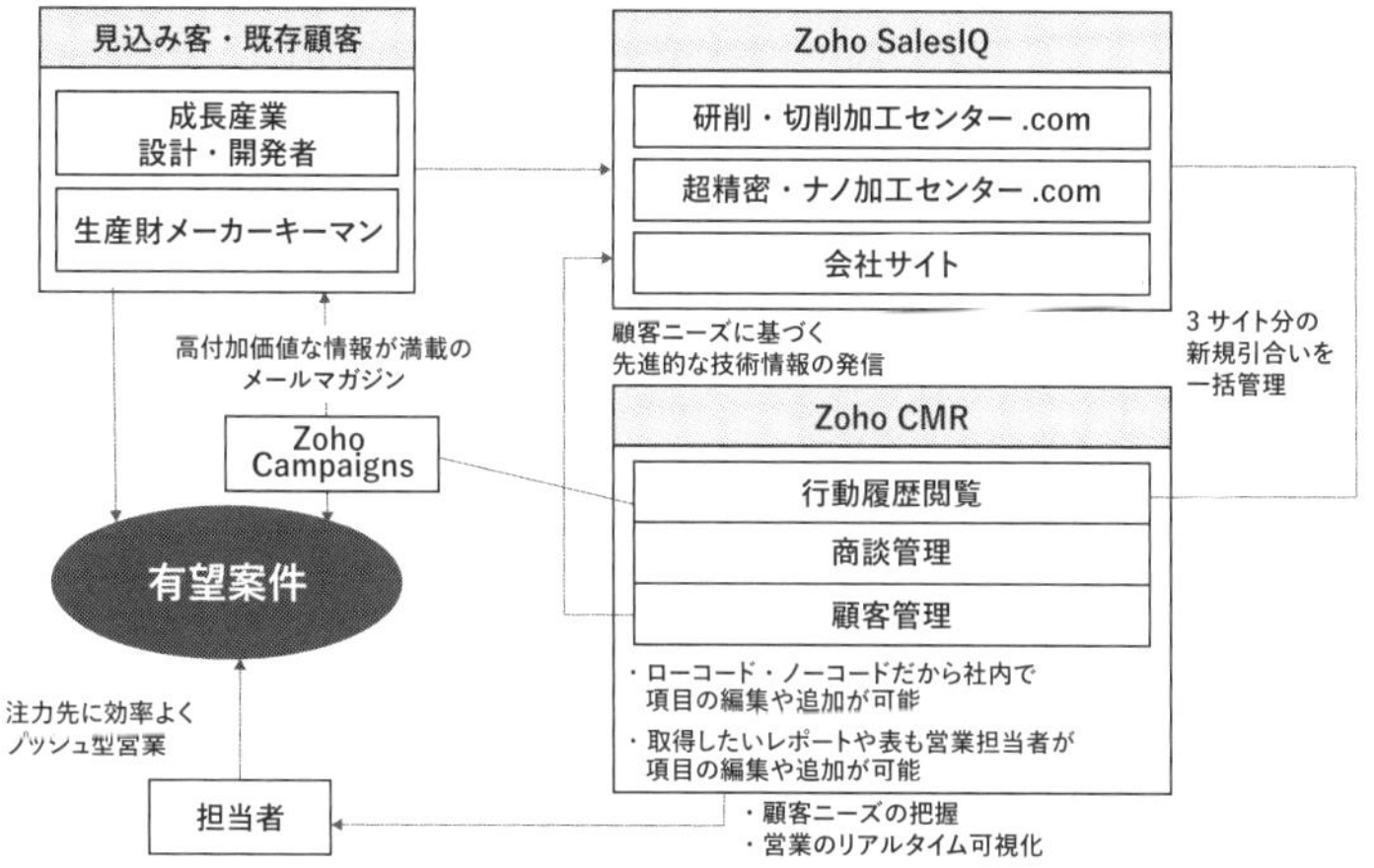

上場会社クラスの優良顧客の新規口座が獲得できるようになりました。

さらに、こうした一連の取り組みの結果、同社では前述のような成長産業を中心とする新たな柱となる顧客も増加、現在ではコロナ禍前を大きく上回る業績になっています。

同社の事例は、受託型製造業におけるZoho活用のマーケティング・営業活動の大きな成功事例といえるでしょう。

成功事例⑨

毎年1億円の新規開拓に成功している生産財商社

兵庫県神戸市に本社を置く吉岡興業株式会社様は、地場の大手重工メーカーを主要顧客とする生産財商社です。

同社ではもともと、切削工具や機械工具といった「物販」をメインとするビジネスに注力してきましたが、近年では工事・メンテナンスといった「エンジニアリング」を主体とするビジネスに変化していきました。

●既存のSFAからZohoへの切り替えを決断

こうした「エンジニアリング」を主体とするビジネスを展開しようとすると、従来の

「物販」中心のビジネスよりも、さらに社内の担当者間の「情報共有」が重要になります。

同社では案件や事例・外注先情報の共有も目的として、国内でも有数の高シェアを誇る某SFA（営業管理システム）を導入しました。ところが、このSFAはパッケージソフトウェアであったため、「入力項目を追加したい」「この入力項目は使わないから削除したい」「こういうデータを出力したい」といったカスタマイズ全てに費用が発生してしまいます。

また、同社では新たな事業展開も多いため、どうしてもSFAもそれに合わせたカスタマイズが必要になってきます。ところが、その度に大きなコストがかかる、となると本当の意味でのSFAの活用ができません。

そこで同社では、既存のSFAからZohoによるSFAへの置き換えを決断しました。

同社の吉岡社長は、Zohoに置き換えを決断した理由として、「目の前で自由自在に画面の構成や入力項目を変更できる様子を見て、これなら当社の変化にもついてきてくれるシステムだと確信した」と語っています。

●Ｚｏｈｏのマーケティング・オートメーションにより顧客のニーズを把握した営業活動を実現

同社がＳＦＡをＺｏｈｏにリプレイスして得られたメリットは、前述のカスタマイズ性の話だけではありません。

ＺｏｈｏはＭＡとＳＦＡが連動しているため、お客様に訪問する前から顧客ニーズの把握が可能になります。そこで、まず同社ではお客様に対してＺｏｈｏから定期的にメールマガジンを配信しています。そして、Ｚｏｈｏから配信されたメールマガジンは、同社が運営する９つのソリューションサイトにリンクが飛ぶようになっています。

同社が運営する９つのソリューションサイトのテーマは次の通りです。

・加工
・工事全般
・配管工事
・塗床工事
・メンテナンス

・中古機械
・FA（省力化・自動化）
・現場改善
・脱炭素（カーボンニュートラル）

これにより、お客様がどのメールマガジンを閲覧し、その後、どのソリューションサイトのどのページを閲覧されていたかという情報を、SFA上で確認することができます。ソリューションサイトのテーマは、右に挙げた通り、お客様（＝製造業のエンジニア）が関心のあるテーマをほぼ網羅しているため、「どのお客様が」「どんなテーマに興味があるのか」をZohoにより把握できるようになっています。

当然ですが、お客様も忙しいため、むやみやたらに訪問すれば良い、というものではありません。そのため、同社ではお客様のニーズを把握しつつ、的確な提案営業活動が行える環境を整えているのです。

●ソリューションサイトを中心とした新規開拓活動で、毎年1億円の新規受注を獲得

もちろん、前述の9つのソリューションサイトには、既存顧客はもちろんのこと、新規顧客からも毎月コンスタントに新規引合いが発生しています。9つのソリューションサイトから発生する問合せや資料ダウンロードの情報は、全てＺｏｈｏと自動連携されており、Zoho CRM内に顧客データとして蓄積されていきます。

そして、蓄積された顧客データに対しては、前述の通りメールマガジンが定期的に配信されるようになり、それによって把握できた顧客ニーズはＳＦＡから全て確認ができます。営業担当者はＳＦＡでこうした顧客ニーズを把握した上で、営業活動が行っていけるということです。

こうした一連の取り組みにより、同社では工事・メンテナンスやエンジニアリング関連の案件など、毎年1億円もの新規顧客からの受注ができるようになりました。

同社の事例は営業面でのデジタル変革における、大きな成功事例であるといえます。

図表 3-13　吉岡興業様における Zoho 活用の事例

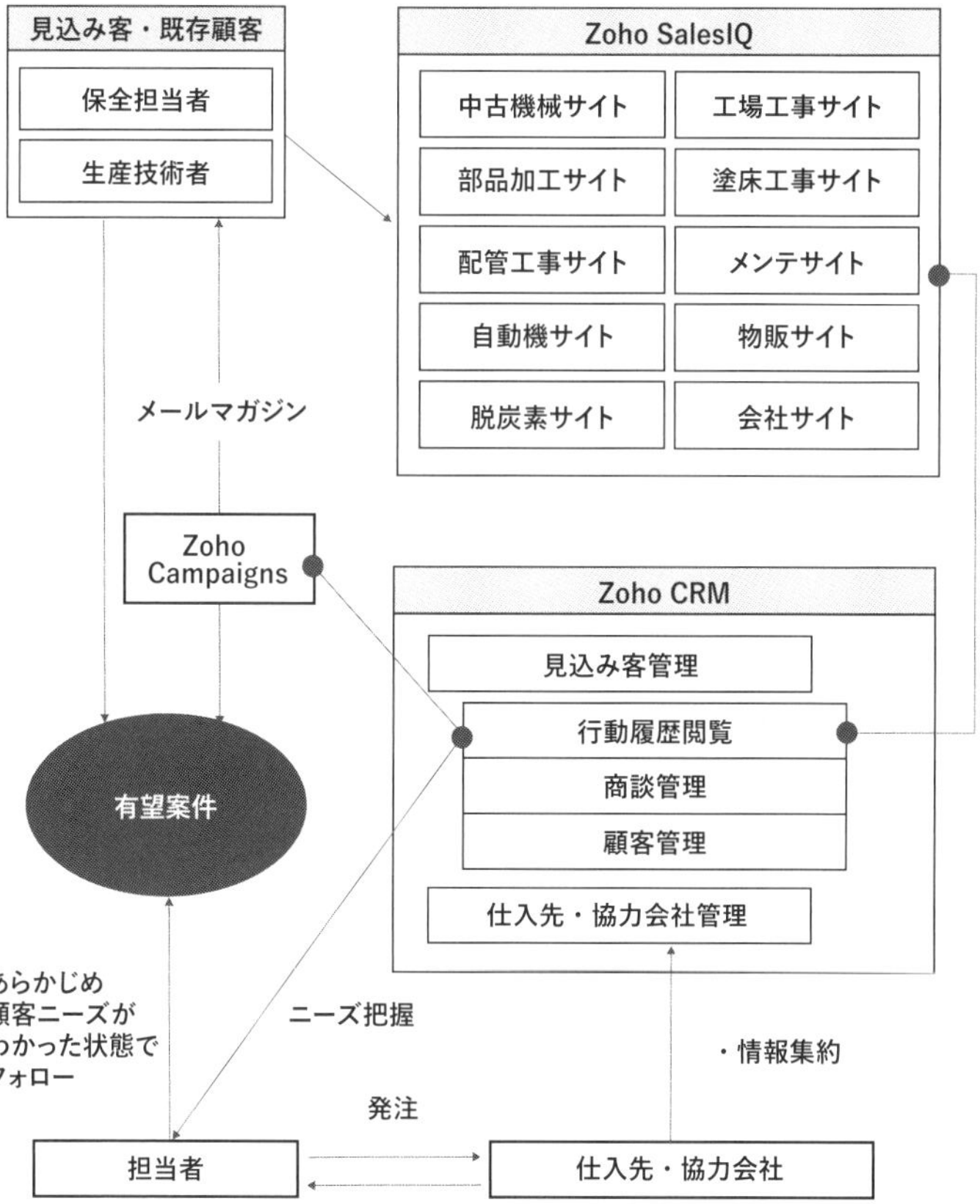

Ｚｏｈｏのチャットボット活用でドライバー採用の効率アップに成功した物流会社

埼玉県志木市に本社を置く清水運輸グループは、従業員数約３５０名でトラック輸送を中心に、関東一円に14拠点を展開する総合物流会社です。

物流業界は典型的な労働集約型産業で、事業拡大には人材採用が不可欠です。同社でも、年間数百万円の求人広告費をかけてドライバーを募集しています。

コロナ禍の影響により、他産業での求人掲出を控えたことで２０２０年～21年は採用しやすい環境になりました。しかし、コロナの収束と景気回復とともに有効求人倍率は上昇し、２０２２年以降は再び採用難に陥りました。さらに、埼玉県は東京、大阪に次いで全国３番目に運送事業者数が多く、ドライバー採用激戦区です。

そこで、他社との差別化および採用力強化を目的に、Zoho SalesIQのチャットボットを導入しました。狙いは、求職者が応募前にチャットボットを活用して疑問・不安を解決してもらうことで、入社率を高めることです。

●過去の面接でのQ&Aをもとにチャットボットシナリオを作成

実際に過去に面接をした際に出た質問や、現従業員に入社する前に不安に思っていた点をヒアリングし、それをQ&A形式でまとめ、チャットボットを構築。①仕事、②会社、③待遇、④休日・休暇、⑤キャリア、⑥選考、⑦採用基準の7つの大分類から、50を超えるQ&Aを用意しました。

単純な疑問を解決する質問から、チャットボットの特徴を活かして、

「高速道路使用時の自費負担はありますか?」
「事故を起こした場合、個人の負担はありますか?」
「運転違反歴がありますが勤務可能ですか?」

というような、面接の場などでは直接聞きにくいような質問も盛り込んでいます。

●マッチ率向上で内定率が21ポイント増加、入社率が約2倍に改善

チャットボットの導入により、面接合格率(内定率)と入社率が大きく改善されました。

ホームページに訪れた求職者からの応募率は微増とあまり変化はありませんでしたが、面接後に内定を出す割合が、31・3%から52・4%に21ポイントも上昇しました。応募からの入社率でいうと、今まで7・1%(14人応募があれば1人入社につながる)でしたが、12・5%(8人応募で1人入社)へと、2倍近くも効率よく採用できるようになりました。

これはチャットボットで疑問や懸念点をある程度払拭した状態で応募してもらえるため、採用のマッチ率が高まったと考えられます。入社率が高まり、面接担当者にとっても効率的に採用活動を行えるようになりました。

●チャットボットのチェック項目を求人内容にも反映

チャットボット活用によるメリットとして、チャットボット上でのチェック項目や質問内容が全てデータとして収集できる点も挙げられます。

同社の場合、採用に関するQ&A形式で構築していますが、よく見られている質問が、求職者の興味のある(または不安に思っている)内容だとわかります。

実際に最も多く見られたのが、具体的な仕事についての質問でした。求人広告や求人票を作成する際には、他社との差別化を意識して待遇面や福利厚生、設備面などを訴求してしまいがちです。当然それらも大事ですが、大前提として、求職者は具体的にどのような仕事なのかを知りたいというのが本音でしょう。

物流業界の場合、ドライバーの求人情報に具体的な勤務時間や仕事内容を載せないという会社がよくあります。変則的な業務時間であったり、配送コースごとに動きが違ったりするため、「変な誤解をされたくない」「面接の場で説明して納得してもらう（口説き落とす）」という理由からです。以前ならそれでもよかったかもしれませんが、売り手市場の昨今、それでは人は集まりません。

このように、チャットボットで収集したデータから、ホームページに掲載する採用情

図表 3-14 清水運輸グループ様における Zoho 活用の事例

報の追加や求人票への反映など、打ち出すべき項目をブラッシュアップすることで、さらに採用の効率向上につながっています。

人口減少を続ける日本において労働力の確保はあらゆる業種の死活問題に直結しますが、物流業界に限らず、Ｚｏｈｏによる採用チャットボットへの活用は様々な業種・職種に効果を発揮すると思われます。

Ｚｏｈｏによる売上アップ成功事例：④ＥＣ編

Ｚｏｈｏは接客や営業といった人的販売だけでなく、ＥＣのようなネット通信販売においても業績アップに対して大きな効果を発揮することができます。

ＥＣのようなネット通信販売の場合は、ＬＴＶ（顧客生涯価値）という概念があり、１人の顧客あるいは1社の顧客が取引を始めてから終わるまでの期間に、どれだけの利益をもたらすのかを重視しています。なぜなら、多くの場合、ＥＣで新規顧客を獲得するためにはインターネット広告をはじめとした様々な広告費をかける必要があり、新規獲得できた顧客1人あたり広告費（あるいはその他経費）を回収するだけの十分なLTVが求められるからです。

こうしたLTVを高めていくにはCRM（顧客管理システム）が重要で、例えば、

・一度購入してから二度目の購入のない顧客に対しては、タイミングをみて無料クーポンのメール送付等、二度目の購買を促す活動を行う
・購入履歴に応じて、別のおすすめ商品の購入を促す案内メールを送付する

といった施策を、属人ではなく自動的に行う仕組みが求められます。

こうしたLTVを高めていくためのCRM（顧客管理システム）は、最低限の機能はECショップ内にあるECカートシステムに実装されているケースが大半です。しかし、ECである程度以上の売上ができてくると、もっときめ細かな施策を打っていく必要が出て

くるので、どこかの段階で自社ECのカート（EC決済システム）と連携した、EC用のCRMを導入するケースが一般的です。

こうしたEC用CRMの分野においても、Zohoは広く導入実績を持っています。

ここでは「食品EC（ネット通販）」を手がける会社の事例をお伝えします。

成功事例⑪

コスト3分の1、事業売上3倍を実現させた食品メーカーEC

新潟県三条市に本社を置く株式会社フタバ様は、昭和28年に創業した鰹節・だしメーカーです。従業員150名、国内に6ヶ所の営業拠点を有し、営業担当者は約20名。国内外の外食や中食、ホテル・旅館を顧客に業務用食品の製造・卸を行っています。

堅調に業務用部門の売上を伸ばしているものの、国内の外食市場の成熟化や新潟県内の中小規模の得意先の先細りへの懸念から、2016年に新事業として消費者直販のだしパック通販事業「On the UMAMI」を立ち上げています。他にも、2022年には「だし」をテーマとしたカフェ、直売店、料理教室、農場、工場見学を複合した施設「ON THE UMAMI TSUBAME SANJO PORT」を開業するなど事業を拡大しています。

●食品EC事業で抱えていた3つの課題

そんな同社の食品EC事業も、事業をスタートして現在に至るまでに次の3つの課題が顕在化してきました。

1つ目は、事業拡大とともに顧客名簿の件数が増大するにつれ、使用していたEC用CRMツールのコストが増大していったことです。従来のツールは顧客名簿の件数に応じて費用が大きく増えるため、事業が拡大するほどツール費用も大きく増大してしまったのです。

そして2つ目は、新規獲得した顧客のリピート対策。

さらに3つ目は、リピート率やLTVなど、EC事業におけるKPIデータを元にした販促施策の立案と実行を効果的に行うことでした。

●Zoho導入で、EC用CRMツールコストが3分の1に

フタバ様が、従来使用していたEC用CRMをZohoに切り替えた最大の理由は、コストにありました。Zohoであれば従来のEC用CRMの機能をほぼ満たしながら、毎月のコストは約3分の1になりました。またZohoであれば、顧客名簿の件数が増大し

ても、それほどコストアップにつながらないことも大きなポイントでした。

さらにＺｏｈｏであれば、同社のＥＣで使用しているカートシステムとも連携が可能だったので、同社ではＺｏｈｏへの切り替えを決断したのです。

●Ｚｏｈｏ導入でＬＴＶが１２０％アップ、コンバージョンレートも１８６％アップ

これまで使用していたＥＣ用ＣＲＭはパッケージソフトだったため、必ずしも同社の業務オペレーションに合致したものではなく、その機能を１００％使いこなせてはいない状態でした。

その点、Ｚｏｈｏであればローコード・ノーコードなので、同社のオペレーションに合わせたきめ細かなカスタマイズを容易に行うことができます。また、ＫＰＩの分析もより効果的に行えるようになりました。

その結果、同社ではＺｏｈｏを導入し、次の５つのことが実現できるようになりました。

①必要なデータ・ＫＰＩ全てが可視化され、意思決定が容易になった

従来は、受注データをショッピングカートから取り出してエクセルで集計を行っており、

分析に工数を要すると同時に、リアルタイムでの分析ができていませんでした。

そこで、同社で利用しているショッピングカートとZohoを自動連係し、新規顧客と既存顧客の売上比率や顧客ランク、LTV、F2転換率（2回目の購買への転換率）、併売商品を簡単に把握することが可能となりました。

こうして空いた工数を利用して、販促施策の策定やメールマガジンの作成などに効果的に時間を活用できるようになりました。

②F2転換率を上げるため初回購入客へのステップメールの配信

同社では「だしパック」と「白だし」、そして「離乳食専用のおだし」が通販を初めて利用されるお客様に利用されていました。初回購入客数は順調に増加していましたが、2回目のリピート率が課題となっていました。

そこで、初回購入のお客様への次回利用促進のためのキャンペーンを設定するとともに、自動的にメールが配信されるステップメールを活用することとしました。ステップメールを配信する日時や、どのような商品やキャンペーンをご案内するかは、Zohoで分析した転換日数分析や、商品転換率分析を活用することで、データに基づくマーケティング施策が立案できるようになりました。

それまでは色々な商品を試してもらいたいという思いから、2回目購入の提案商品が定まらず、メールを送るタイミングもバラバラでしたが、②の施策を実施し、効果検証を重ねることでF2転換率が向上していきました。

③メールマガジンの配信によるCVR率の向上

CVR率（コンバージョン率）とは、自社ECサイト等への訪問者のうち実際に購入に至った件数の割合のことです。

食品ECで最もCVRが高い注文経路は、既存顧客へのメルマガです。一般的に食品ECの場合はメルマガ経由からのCVRは8～9%が目標値ですが、フタバ様の場合は4.5%とメルマガ経由のCVRの低さが課題でした。

そこで、Zoho Campaignsを活用し、メールを送ることで配信メルマガごとの開封率、クリック率、メルマガ内のどのコンテンツがクリックされたか、ユーザー毎の開封・クリック状況を把握できるとともに、配信日時やメルマガのタイトル、配信ユーザー属性毎の数値を比較分析することにしました。

図表 3-15　フタバ様における Zoho 活用

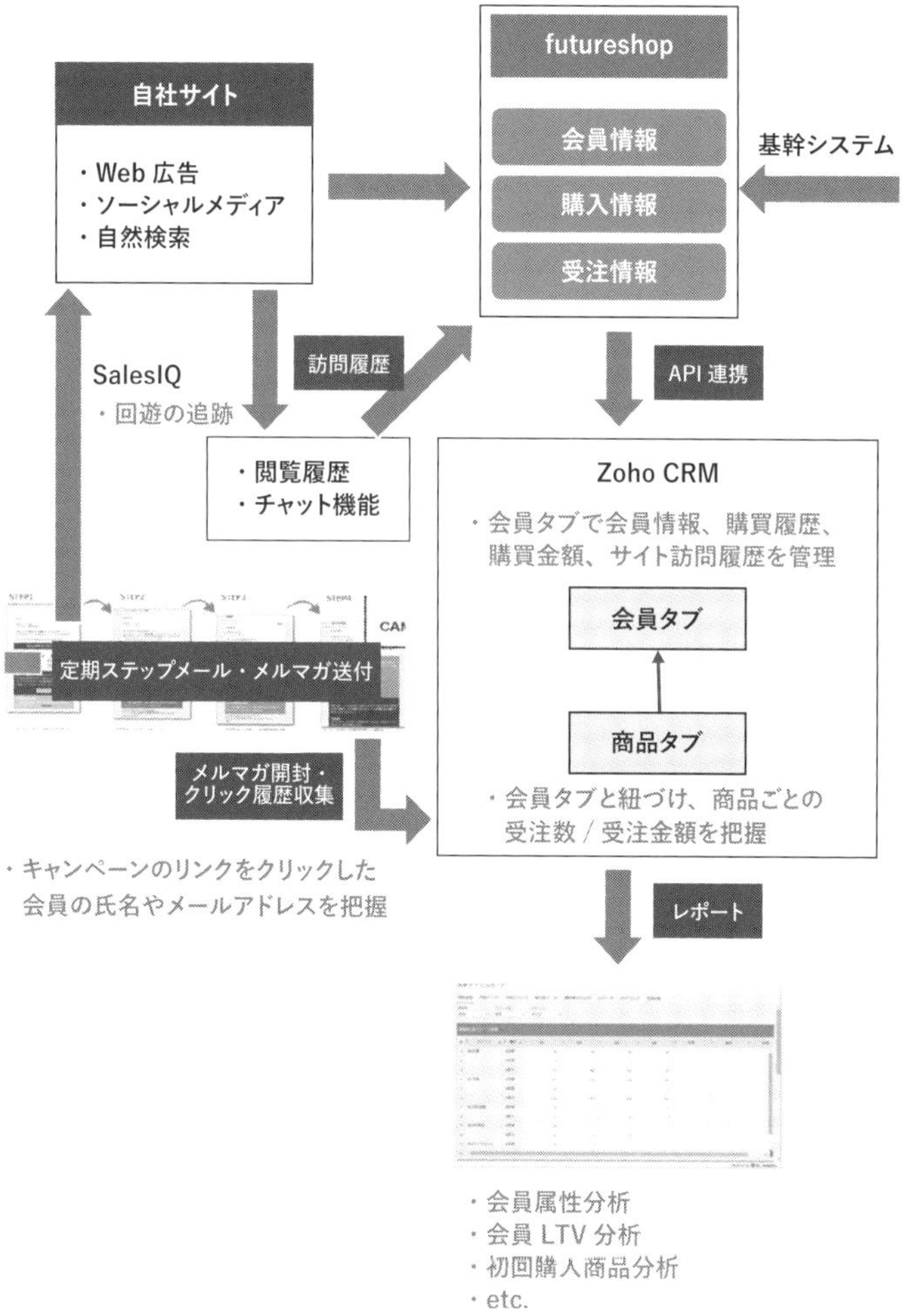

これらの機能を使い、メルマガの配信内容を分析し、配信日時の改善、配信コンテンツの改善、メルマガタイトルの改善を行うことで、メルマガ経由のCVRを目標の8％へと近づけることができ、売上アップにつながりました。

④顧客属性やランクに応じたダイレクトメールの配信

フタバ様では毎年、お中元とお歳暮の需要シーズンには、EC会員へダイレクトメールを発送し、ギフトの案内や新商品情報をお届けしています。しかし、これまではダイレクトメールを発送する顧客を絞り込むことなく、闇雲に発送していたため、会員の増加とともにコスト高が課題となっていました。

そこでZoho CRMの機能のRFM分析機能を活用し、顧客の購入金額・購入回数・購入期間を集計し、優良顧客を抽出しダイレクトメールを発送する方法へ切り替えたことで、ダイレクトメールからの受注率が向上するとともに、コスト削減へとつながりました。

⑤休眠客の掘り起こしに成功

さらにZoho CRMを活用し、購入が1年以上ないお客様だけを抽出してメールマガジンを配信し、休眠顧客の掘り起こしを行いました。

その結果、メールを配信するごとに3～4％のお客様が購入に至りました。配信するメールは前述のZoho Campaignsを活用し、メールを送ることで配信メルマガごとの開封率、クリック率、メルマガ内のどのコンテンツがクリックされたか、ユーザーごとの開封・クリック状況を把握し、配信内容をブラッシュアップすることで効果的に休眠顧客の掘り起こしを実現しました。

こうした施策の実施により、Ｚｏｈｏ導入後、同社ではＥＣ事業におけるＬＴＶ（顧客生涯価値）が１２０％向上、さらにＣＶＲ（コンバージョンレート）が１８６％もアップしました。

このように、ＥＣビジネスにおいても、Ｚｏｈｏを導入・活用することで短期間の間に業績向上に結び付けることができるのです。

第
4
章

業績アップ戦略と
成功事例：コストダウン編

ローコード・ノーコードによるシステム内製でシステム費用の大幅コストダウンを実現しよう

業績向上には2つの方法があります。

1つ目は第3章で述べたように、「売上」を増やす方法。

2つ目は「コスト」を削減し、「利益」を増やす方法です。

その中でZohoは、第3章で述べたような短期間での業績向上を実現できるだけでなく、システム費用そのものを大きくコストダウンできる点も強みです。

Zohoによる「システム費用のコストダウン」のポイントとして次の3つがあります。

●ポイント1：Zohoそのもののコスト優位性

Zohoのプロダクト費用そのものが、競合プロダクトと比較して20分の1～4分の1以下と破格に安い。

●ポイント2：ローコード・ノーコードのコスト優位性

ローコード・ノーコードプラットフォームでの開発であることから、一般のシステム開発と比較して、開発費用が3分の1程度以下など大幅に削減できる。

●ポイント3：既存システムとの連携の優位性

既存システムと容易に連携が可能であるため、Ｚｏｈｏで構築したシステムは工数削減効果が高い。

まずはポイント1「Ｚｏｈｏそのもののコスト優位性」から説明していきます。

例えば、第3章で多くの事例が挙がっていたチャットボット。ある自動車教習所では、もともと月額10万円のチャットボットを使用していました。同じ機能をＺｏｈｏで再現したところ、わずか月額3万円（船井総合研究所のサポート費用等も含む）でそれを実現することができました。

従来、月額10万円かかっていた費用が3万円で済みますから、毎月7万円のコストダウンになります。これは1年間では84万円、5年間だと420万円ものコストダウンにつながります。

また、第3章で多くの事例が挙がっていたMA（マーケティング・オートメーション）についても、MAとしての基本的な機能が網羅されている一般的なプロダクトだと月額15万～20万円の費用がかかります。それがZohoであれば、月額3万円で同じ機能を使用することができます。

例えば、ある中堅メーカーでは従来、月額20万円のMAを使用していました。これをZohoに置き換えたところ、わずか月額3万円で同じことができるようになりました。このケースだと月額17万円のコストダウンになり、年間では204万円、5年間では1000万円を超えるコストダウンにつながります。

いかがでしょうか。「知っているか、知らないか」で、自社のシステム費用がこれだけ大きく変わってくるのです。

さらに、船井総合研究所そのものも、従来のプロダクトからZohoに置き換えることによって大きなコストダウンに成功しています。

私たちは20万件を超えるメルマガ配信リストに対して、月間数百種類ものメールマガジンを配信しています。メールマガジンの配信管理そのものに高いノウハウが求められることもあり、従来は月額60万円の某外資系ベンダーのＭＡを使用していました。

そして第７章で詳細を述べますが、今、私たち自身もＺｏｈｏの社内導入を進める一環で、このＭＡもＺｏｈｏに置き換えたところ、なんと月額60万円かかっていたＭＡ費用が、わずか月額３万円でできるようになりました。毎月57万円のお金が浮くので、年間では６８４万円、５年間だと３０００万円をはる

図表 4-1　Zoho のコスト優位性

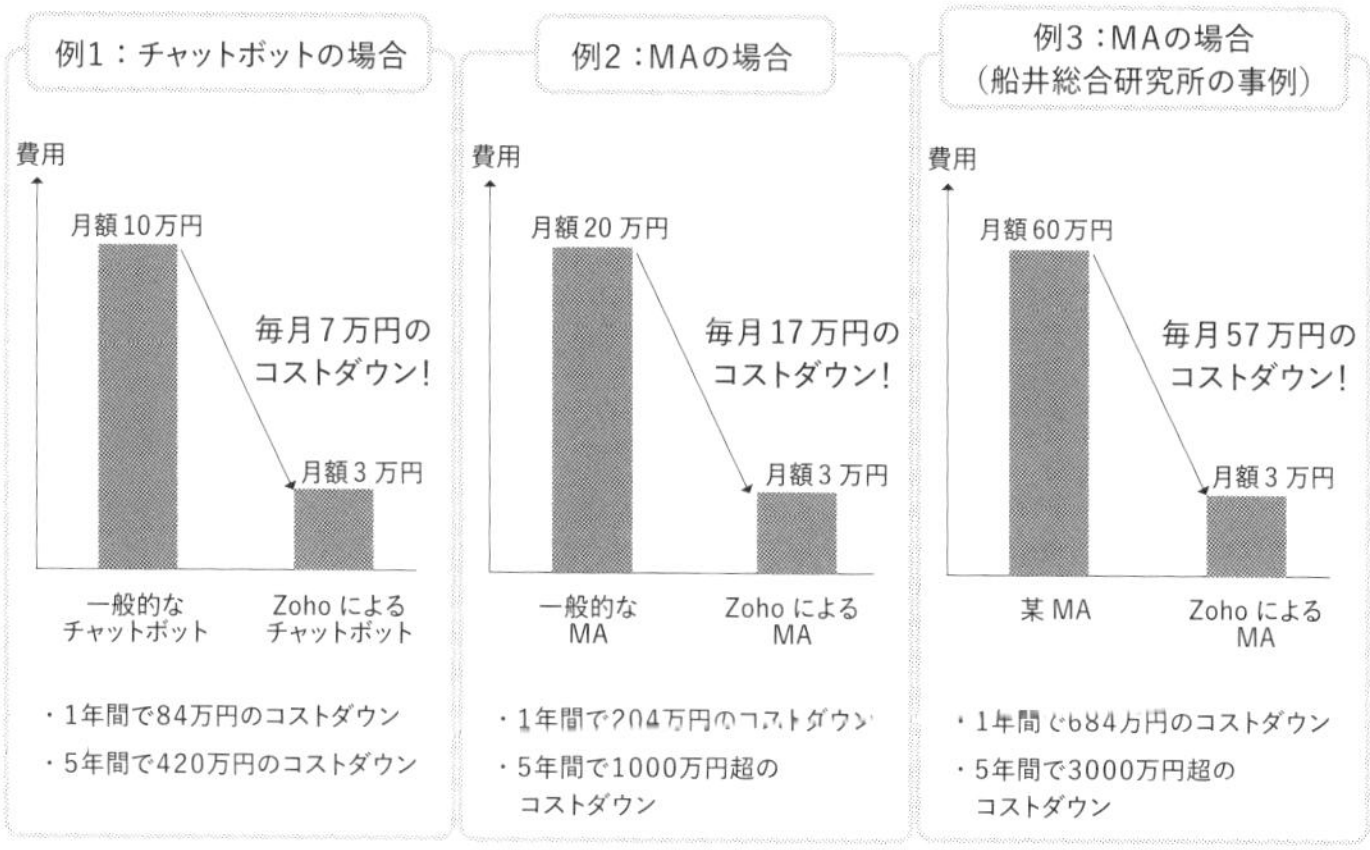

かに超えるコストダウンになりました。

次に、ポイント2の「ローコード・ノーコードのコスト優位性」です。

第1章でも詳しく述べた通り、システム開発にローコード・ノーコードプラットフォームを採用することにより、従来のフルスクラッチ開発と比較して開発コストは3分の1以下と、劇的な削減が可能になります。

例えば、従来であれば「こんなシステムを開発したいな」と思っていたとしても、実際にIT開発会社から見積りを取ると、開発費が高すぎて予算が合わず断念する、といったケースが多々ありました。

ところが、同じシステムをローコード・

図表 4-2　ローコード・ノーコードのコスト優位性

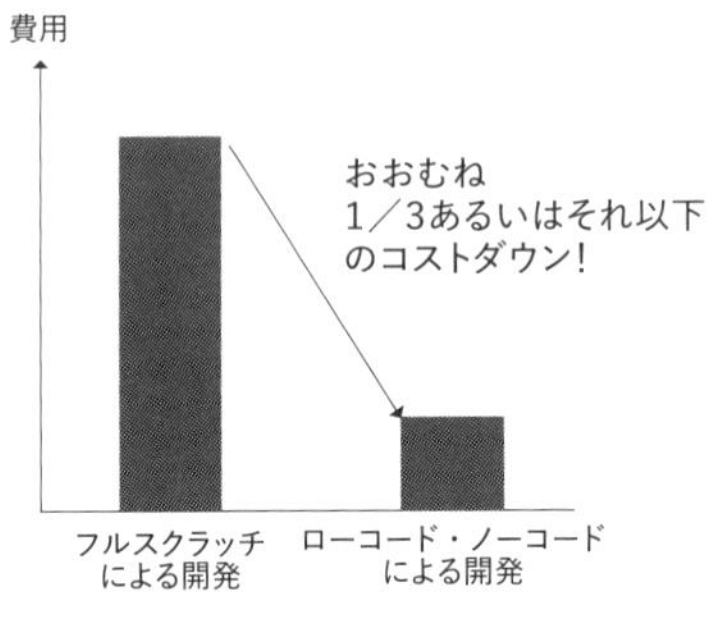

ノーコードプラットフォームで開発すれば、システムの内容にもよりますが、おおむね3分の1以下、場合によってはさらに安い費用で開発が可能になります。

そしてポイント3の「既存システムとの連携の優位性」です。

既存システムとの連携が行えないと、いわゆる「二度打ち」等の必要が発生し、無駄な工数が発生すると同時に、ミスの原因にもなります。

その点、ＺｏｈｏはＡＰＩ連携に優れており、既存システムとの連携が行いやすいシステムになっています。また、Ｚｏｈｏのプロダクトの中にはZoho FlowというiPaas（SaaS同士を連携させるためのシステム）もあります。

また、Ｚｏｈｏとしてはオフィシャルに連携を打ち出していないプロダクトだったとしても、個別開発により連携が行えるケースが多々あります。

例えば、世界レベルで広く使用されているeラーニングのプラットフォームとして、Moodle（ムードル）というオープンソースがあります。オープンソースとは、ソースコードを無償で公開し、誰でも使えるようにしているソフトウェアのことですが、オープンソースであるが故に、オフィシャルな連携がなされていないケースが多いわけです。

しかし、Ｚｏｈｏのパートナー企業である株式会社Zooops Japan（ズープスジャパン）のサービスを活用すれば、Zoho CRMとMoodleの連携が可能になります。

Moodle内におけるeラーニングの会員（顧客・生徒）の管理と、受講実績やテスト結果を紐づけた上で、Zoho CRMで一元管理ができるのです。

Zoho CRMで一元管理ができれば、このMoodleを活用したeラーニングビジネスの幅はさらに広がります。例えば、Ｚｏｈｏのプロダクトの中にはZoho Subscription（ゾーホー　サブスクリプション）という継続課金ツールがありますが、Zoho CRMで一元管理ができれば、ｅラーニングビジネスにおいてこうしたツールを活用したビジネス展開が可能になります。

あらゆる世の中のシステムに対し、Ｚｏｈｏは連携の可能性が高く、その結果としてデジタル変革を推進する中心ツールとして極めて活用しやすいプロダクトなのです。

では、ここからはＺｏｈｏによる大幅コストダウンの事例を見ていきます。

図表 4-3　Moodle と Zoho CRM の連携イメージ

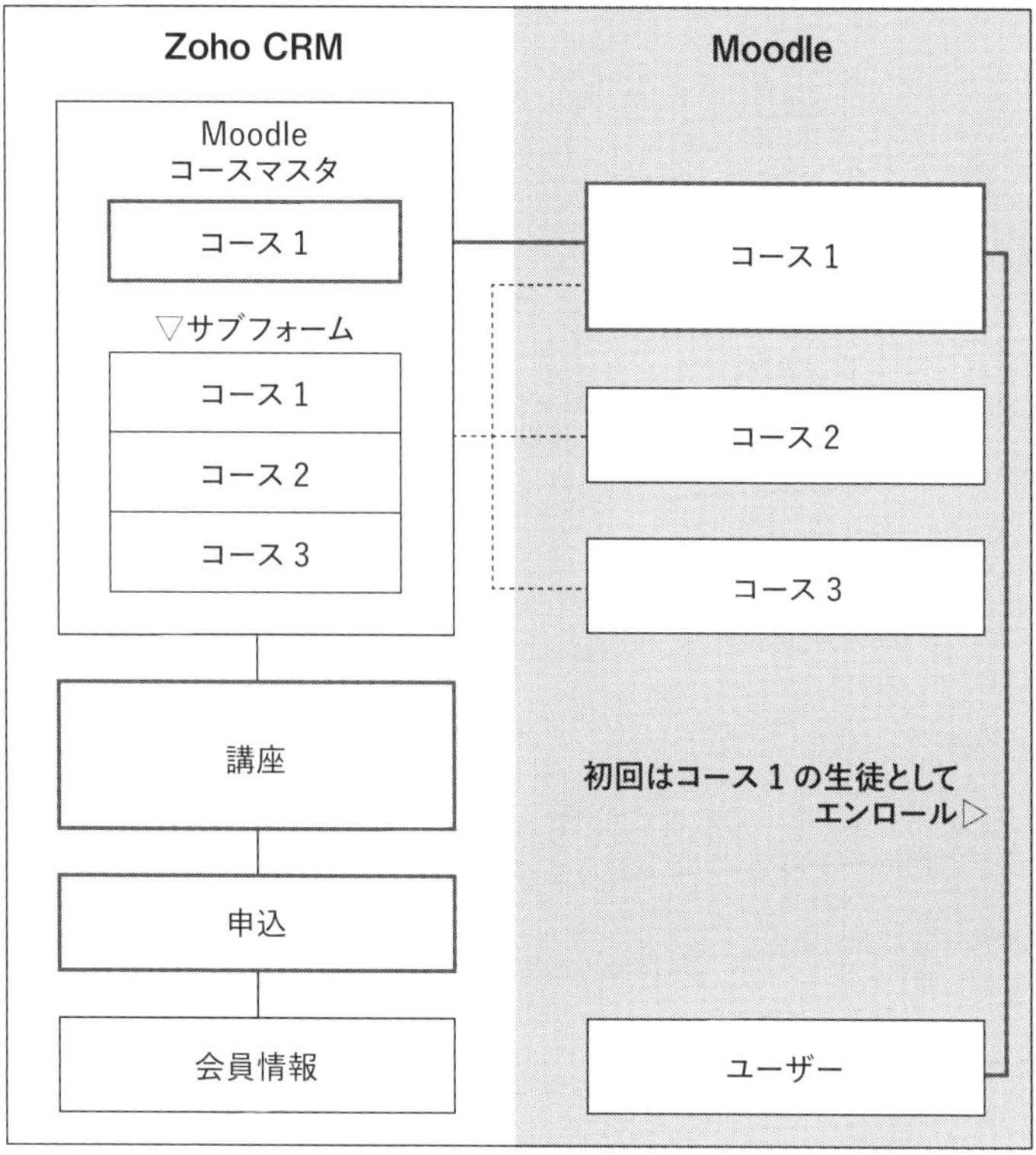

・Zoho CRM の Moodle コースマスタと Moodle のコースは 1:1 で連携します
・また、講座に属する複数のコースをマスタのサブフォームで管理します
・申込から講座へのエンロールを行うと講座に紐づく Moodle コースマスタの
　情報を取得し、そのコースに対して初回エンロールを行います
　（上図の場合はコース 1 に対して初回エンロールを行います）

※エンロール…あらかじめソフトが用意された文章を読み上げて、使用する人の声の特徴やしゃべり方のクセを分析し、音声認識の変換効率を高める作業のこと。

年間150万円ものシステム費用のコストダウンに成功した、従業員約50名の住宅会社

某住宅会社A社は、新築注文住宅、企画住宅、不動産仲介事業などを幅広く展開している従業員50名前後の中小企業です。モデルハウスを次々にオープンさせ、10年間でなんと売上が10倍を超える伸び率を誇る地域ナンバー1の住宅会社です。

ところが、このような成長を続けているにもかかわらず、同社では次の3つの課題がありました。

課題1：顧客管理システム、工程管理システム、営業管理システムがそれぞれ別メーカーのシステムを使用しており、規模が拡大するにつれて管理が煩雑になってきた。

課題2：営業会議のために各システムから情報を抜き出し、レポートを作成する作業が無駄と感じていた。また、スプレッドシートを使ったレポートが多種多様に存在しており、情報へのアクセスに時間がかかっていた。

課題3：既存システムではカスタマイズすることが難しく、展開プランドごとに異なる仕様をシステム側に反映できない。

特に課題1について、同社では複数のシステムを使用していることで、機能の重複・使用していない機能も多数あり、明らかに無駄なコストがかかっていました。今後の成長に伴う従業員の増加も視野に入れると、無駄な費用がかさんでいくことは経営的に避けたいところでした。

そこで同社で進めたのが、Zoho CRM Plusをベースとしたシステムの一元化です。Zoho CRM Plusとは、次のツールがパッケージになったプロダクトであり、これだけのアプリケーションが月額6840円（ユーザー1人あたり：税別）で利用できるコストパフォーマンスの高い商品です。

- Zoho CRM（顧客管理）
- Zoho Campaingns（メルマガ配信）
- Zoho Desk（ヘルプデスク）

・Zoho SalesIQ（訪問分析・チャットボット）
・Zoho Projects（業務管理）
・Zoho Survey（アンケート）
・Zoho Analytics（BI）

●Zoho CRM Plusで大幅なシステムコストダウンに成功

まず、この住宅会社A社では月額10万円の工程管理システムを使っていましたが、これをZoho CRM Plusに置き換えることで、月額3万円前後にコストダウンが実現しました。

さらに、その他の顧客管理ツールや、マーケティング・オートメーションをZoho CRM Plusに置き換え、従来は月額50万円かかっていたシステム費用を月額35万円ほどに抑えられ、年間180万円のコストダウンに成功しました。これは3年間で540万円、5年間だと900万円のコストダウンですから、その効果は大きいといえます。

●100を超えるファイルに分かれていた社内情報をZohoに統合

効果があったのは、システムの費用そのもののコストダウンだけではありません。

これまで同社では、自社Webサイト、あるいは住宅業界のポータルサイトから流入してくる集客の効果分析について、従来は自社モデルハウスに訪れた来場客からのアナログなアンケートをもとに、手動でデータを突き合わせして情報管理を行っていました。

しかし、自社システムをZoho CRM Plusに統合したことにより、アンケートの仕組みもZoho Surveyに置き換えることができ、問合わせメールの受信からCRM（顧客管理システム）の顧客データの自動作成、そして、来場前アンケート送付も顧客データに紐づけて送ることで即時のデータ集計を可能にし、より精度の高い広告分析が短時間で行えるようになりました。

また、情報の一元管理を容易に行うことができ、あらゆる社内の情報はZoho AnalyticsのBI機能でレポートを作成・表示できるようになりました。その結果、従来は100を超えるファイルに分かれていた自社情報が、全てZoho Analyticsで分析可能となり、営業会議の度に時間をかけて準備していた会議資料も、まさにワンタッチで作成できるようになりました。

さらに、従来はパッケージシステムを使用していたため、ほぼカスタマイズが不可能で

図表 4-4　住宅会社 A 社における Zoho によるコストダウン例

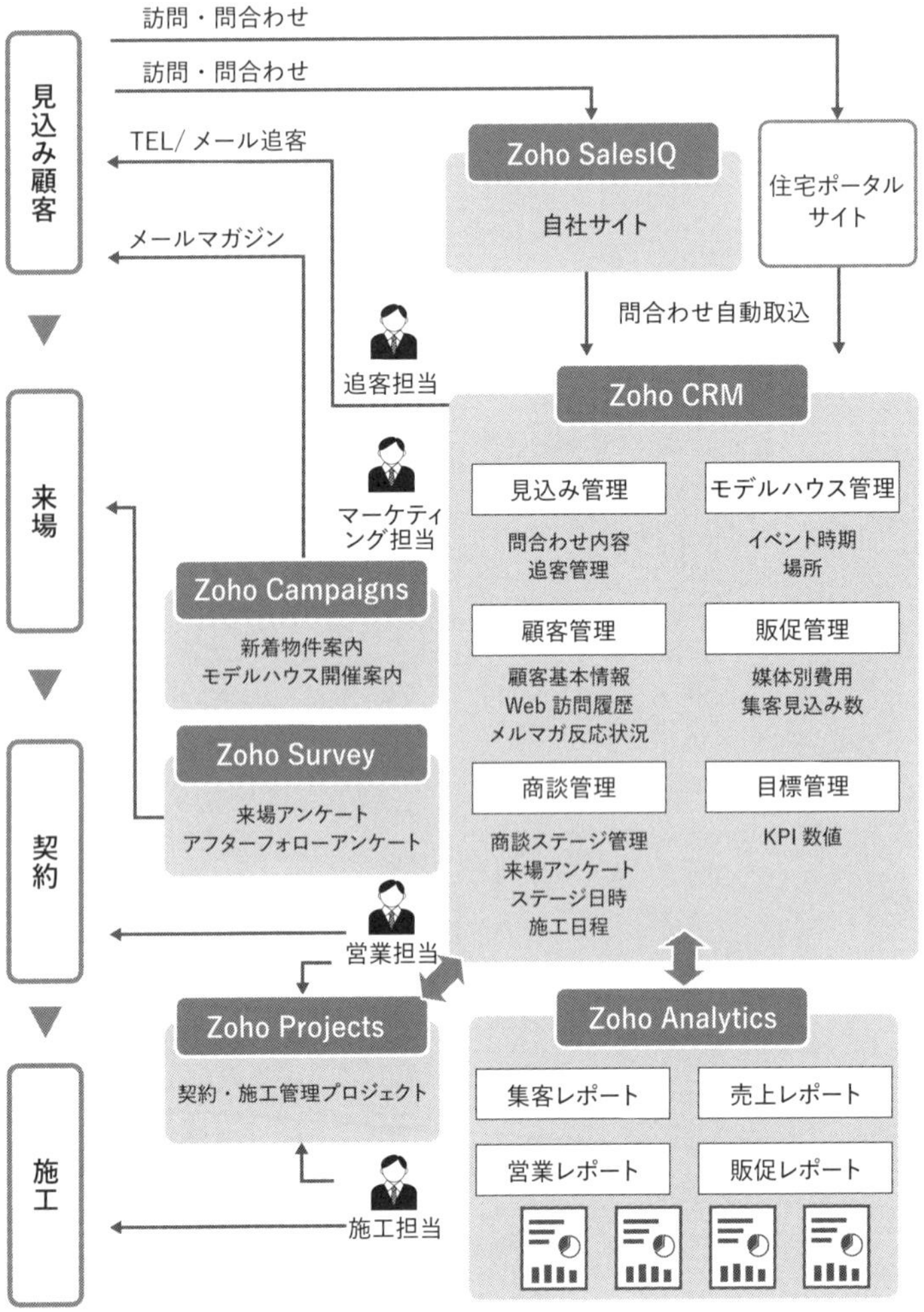

したが、ローコード・ノーコードプラットフォームであるZohoなら、自社事業の変化や管理内容の変化に伴うカスタマイズもその場で簡単に行うことができ、同社のシステムの利便性を大きく向上させました。

同社の事例は、Zohoのプロダクトそのもののコスト優位性もそうですが、Zohoのローコード・ノーコードプラットフォームとしてのメリットを最大限活用した、デジタル変革の成功事例であるといえます。

成功事例⑬

300社を超える企業の「協力会社ポータル（外注先管理システム）」をZohoで構築したものづくり商社

広島県福山市に本社・工場を置く深江特殊鋼株式会社（従業員120名）は、西日本を中心に関西エリアから東海エリア、関東エリアにかけて全国3000社以上の顧客に対しての鋼材販売・部品加工（調達代行）を手がけると同時に、自社工場（加工センター）に加え全国300社以上の加工協力会社ネットワークを有する、ものづくり商社です。

●高度なマッチング能力が求められる「部品加工（調達代行）」事業

同社が手がける事業の中でも、前述の「部品加工（調達代行）」事業は、お客様と加工協力会社との迅速なマッチングが求められます。

なぜなら、機械装置を製造するためには数多くの部品が必要で、それぞれ異なる加工技術が求められますから、各々の加工協力会社がどのような加工が得意か熟知しておかなければならないからです。

協力会社の選定を間違えると、「価格・納期が合わない」「うちでは加工できない」などのミスマッチが起こるため、お客様は別の加工会社を探すことになります。一方で、加工協力会社は工数をかけて見積りを行ったにもかかわらず、結局ビジネスにつながらない、といった結果を招き、双方に損失を与えることになります。

このように、「部品加工（調達代行）」事業は、結婚相談所や派遣紹介業などと同様で、協力会社にピッタリの案件を見極め紹介し、かつ不得意な案件は紹介しないといった、お客様・協力会社双方の満足度向上がポイントとなるのです。

従来は自社の営業担当者の属人的なスキルに依存してきた同社でしたが、同事業が拡大し加工協力会社も増えるにつれ、マッチングの再現性の高いシステムとしての「協力会社ポータル（協力会社管理システム）」が求められるようになりました。
そこで同社では次のシステムの企画を行いました。

〈同社が考えた「協力会社ポータル（外注先管理システム）」の内容〉

①案件の登録

メールでお客様から依頼を受け、案件として登録する機能（メールと連携し案件を自動登録）

②協力会社の検索

協力会社のデータベースを構築し、案件に最適な協力会社を検索・選定できる機能

③見積依頼の送信

選定した協力会社に、ボタン1つで見積依頼と、見積りに必要な情報を共有する機能

④専用画面にログイン・回答（ポータルサイト）

協力企業が、専用のログイン画面で詳細を確認し、見積りと諸条件を回答する機能

⑤営業フォロー・結果共有

見積結果をもとにお客様と交渉し、営業フォローを実施、結果を協力企業に伝える機能

ここで忘れてはいけないのは、このような会社の課題に合わせたシステムは、パッケージソフトとしては存在しないことです。

したがって、自社でゼロから開発することになりますが、フルスクラッチ開発では膨大

図表4-5　深江特殊鋼様の協力会社ポータルの概要

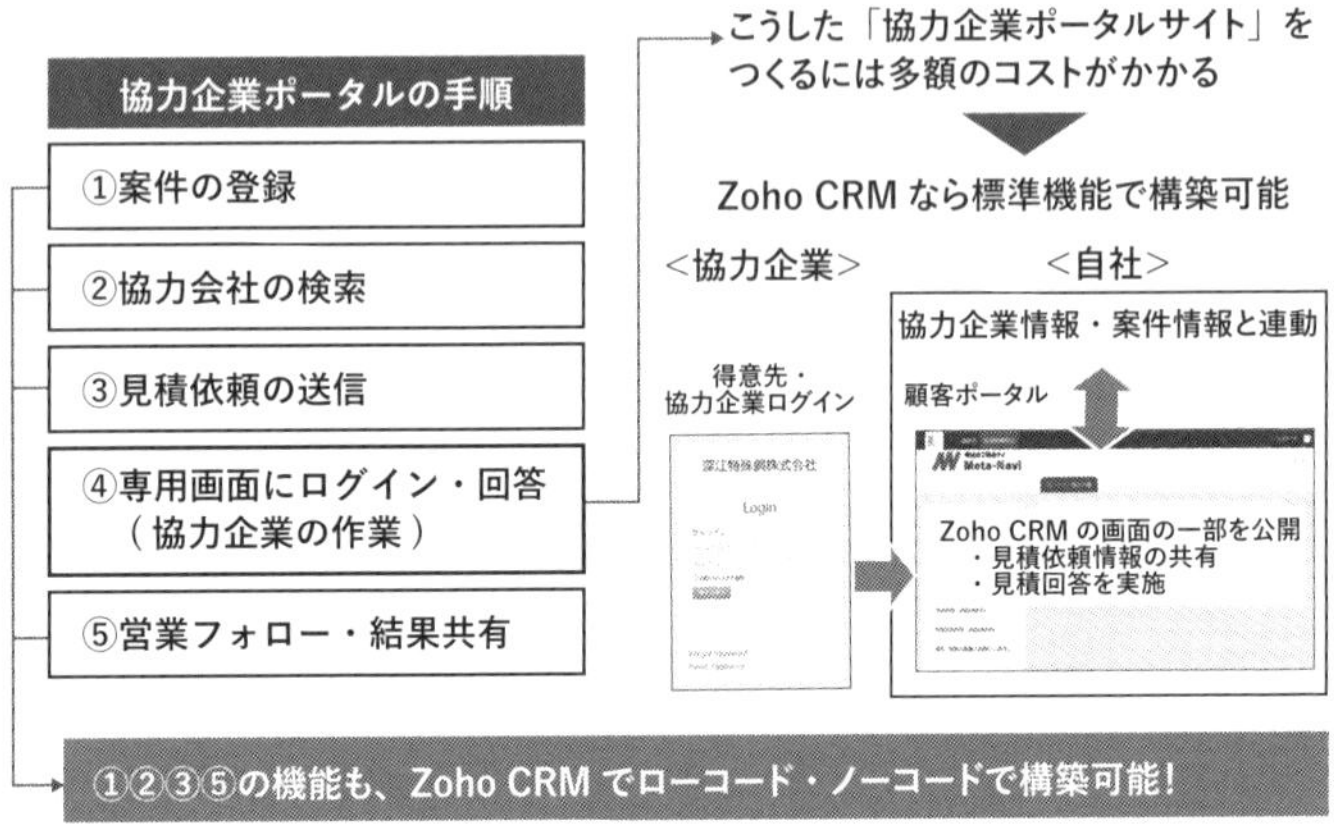

な開発費用がかかります。そこで同社が注目したのが、ローコード・ノーコードプラットフォームであるZohoでした。

特に、前述のようなシステムで課題となるのが、「④専用画面にログイン・回答（ポータルサイト）」の部分です。協力企業それぞれにID・パスワードを付与した形でログイン画面を提供し、協力企業に関係の情報のみを表示、入力できるようなサイトを一般的には「ポータルサイト」といいます（今回は協力企業のためのサイトなので「協力企業ポータルサイト」と呼びます）。

DXは自社だけでなく、協力企業や顧客を巻き込んだ形で構築できれば効果は何倍も上がりますが、高額なポータルサイトの構築費用が障害となって展開しきれないといったケースは多々あるのです。

しかし、Zoho CRMであれば、ポータル機能というID・パスワードを協力会社に付与して専用画面を表示する機能が標準で備わっています。このポータル機能はデフォルト（初期設定）で追加料金なしで使うことができます。

しかも、Zoho CRMは「1万人まで登録無料」なので、ランニングコストとしては追加費用なしでポータルサイトの構築が可能なのです。

同社ではMA、SFA（営業管理システム）と、この協力会社ポータルを一貫運用しています（同社ではこの一貫システムを「メタナビnet」とネーミングしています）。鋼材（材料）販売も行う同社にとっては、加工協力会社は部品加工の依頼先であると同時に、鋼材販売の顧客でもあります。したがって、MA・SFAと協力会社ポータルの一貫運用が不可欠なのです。

●当初想定の5分の1以下の予算でシステム構築に成功

冒頭に述べた通り、同社では当初フルスクラッチ開発でメタナビnetを開発しようとしていました。それをZohoプラットフォームで開発を行った結果、当初想定の5分の1以下のコストでシステムを構築することができました。

また、ZohoであればCRM・SFAをベースとしたZOho CRMで構築することができ、全てをローコード・ノーコードでの構築が可能になります。その結果、構築した後に「あ、こういう機能が欲しかった……」という時も、随時機能を追加・カスタマイズす

図表 4-6　深江特殊鋼様の Zoho 導入の全体像

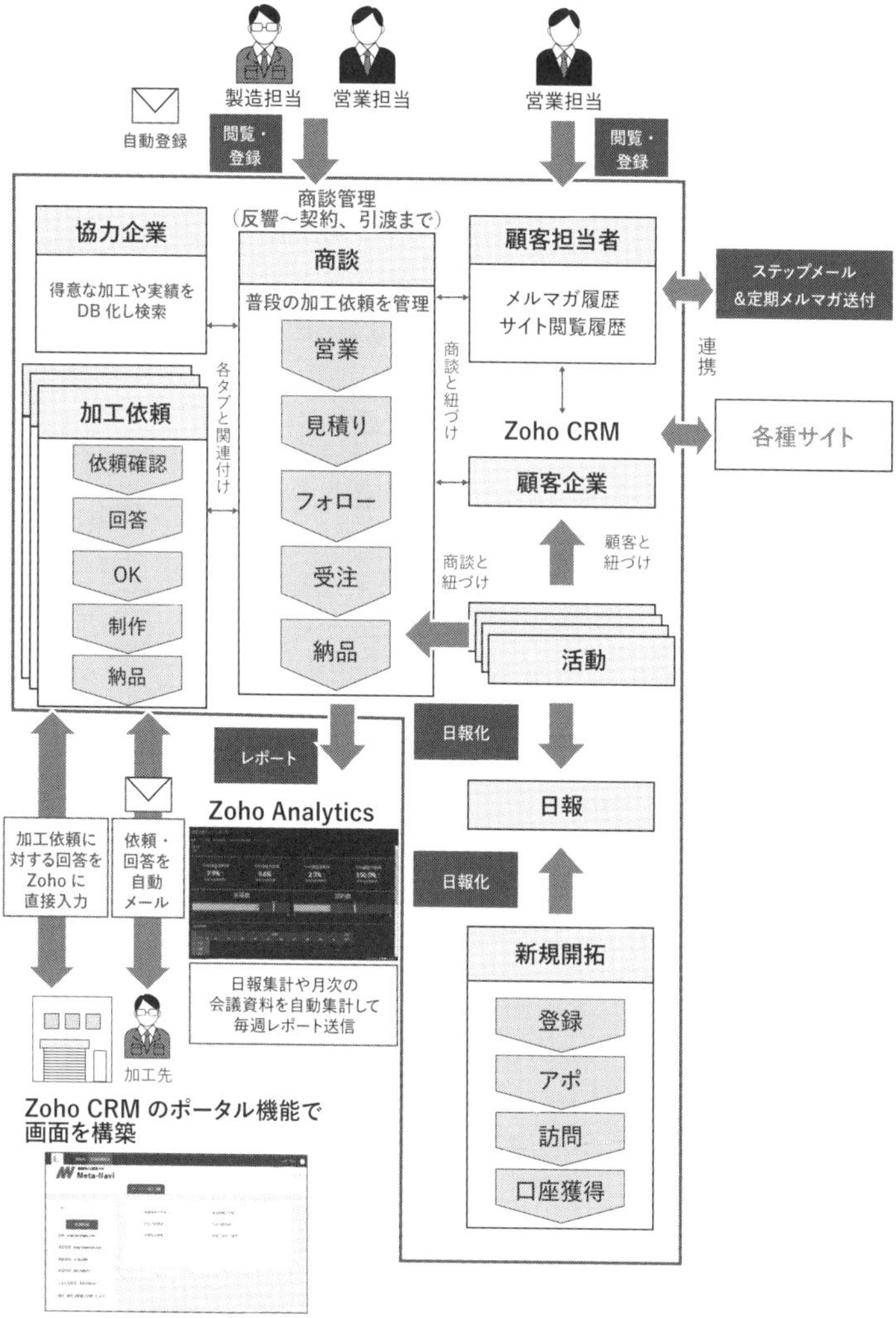

ることが可能。開発期間を大幅に短縮できる上に、利便性も高いものになっています。

このように、従来のフルスクラッチ開発では予算的に厳しいシステム案件でも、ローコード・ノーコードプラットフォームであるＺｏｈｏであれば、実現の可能性が高まります。そうした意味でも、自社のＤＸの可能性を大きく広げるツールであるといえるでしょう。

管理工数10分の1、月間80時間分の工数削減を実現

●求められる顧客情報の「脱」エクセル管理

株式会社レベクリ様は、副業支援・副業導入支援（福利厚生）・キャリアアップ支援・メディア事業・宅配事業など、〝お客様に「生きる自信」を手にしていただき、人生を選べるようになっていただきたいという理念〟のもと、複数の事業を展開されています。

従来は顧客管理にエクセル、お客様へのご案内やリマインドはGmailを使っていました。その結果、当初は顧客関連データを一元管理できておらず、大きく次の３つの課題がありました。

①担当者によって抜け漏れが発生し、顧客対応の質がばらついていた。
②人力でのメール作成・送信作業が発生。この結果、担当者の負荷が大きかった。
③顧客関連データが一元管理されていないので、分析がしづらかった。

こうした課題を解消するために、同社ではCRM（顧客管理システム）の導入を検討。様々なシステムの中から、機能が充実しているにもかかわらずコストが安いのはもちろんのこと、カスタマイズ性にも優れていることからZohoを導入しました。

●Zoho CRMの導入で、メール送信など様々な業務の自動化を実現

Zoho CRMでは、主に顧客情報の管理や見込み顧客の獲得、セミナーや講座申込みまでの一連の流れを管理しています。顧客情報だけではなく、講座の情報や支払先の管理、売上金や報酬額も管理しています。また、各種メールの送信もほぼZoho CRM内で自動化しています。

可視化したい情報が出た際には、Zoho CRMのレポート機能により数値、グラフにすぐ

図表 4-7　レベクリ様における Zoho 導入の全体像

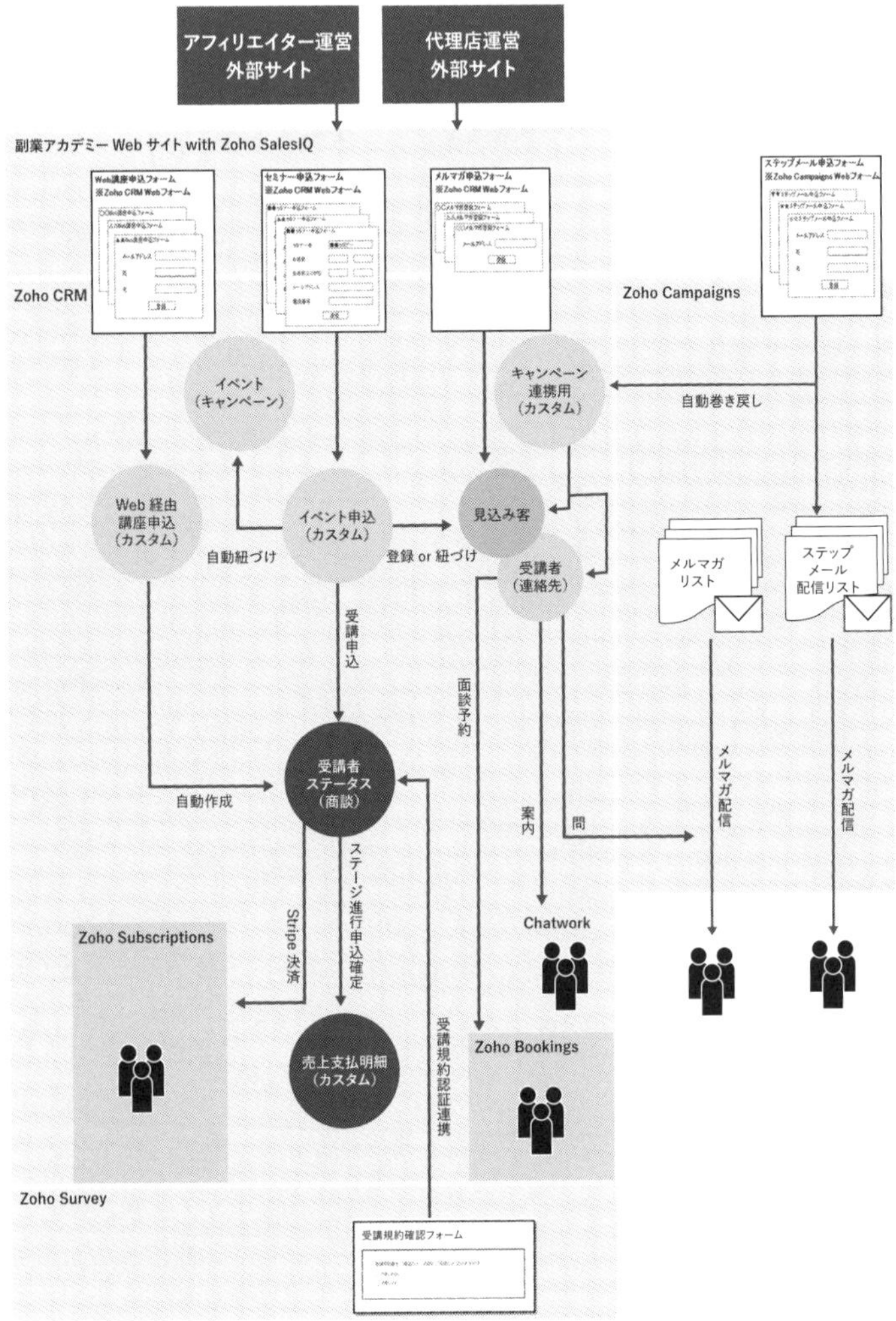

に出すことができるので、営業会議でも活用しています。

そして、同社ではZoho CRM以外のプロダクトも採用し、様々な管理業務の工数削減を実現しています。例えばZoho CRMと連携するZoho Surveyにより、受講規約の同意登録フォームを作成したことで、契約関係の工数削減につながっています。

さらに、同社では受講生、講師とのコミュニケーションをChatworkで行っていますが、Zoho CRMとChatworkとの連携の実装により、講座の案内やリマインド等を自動で受講生に通知できるようになっています。

●Ｚｏｈｏ導入により管理工数10分の1、月間80時間分の工数削減を実現

同社はＺｏｈｏを導入した結果、以下のような効果がありました。

①セミナー申し込みや受講管理の自動化により、導入前の10分の1の工数、月間80時間分の工数削減を実現。

②メール送信の自動化により、顧客対応のばらつきの解消を実現。

このような事務作業の負荷が減った結果、受講生が増えてもスタッフを増やさずに対応し続けられています。また、導入前は様々なツールで人的に数値を管理していたため、更新漏れや入力ミスの可能性がありましたが、Ｚｏｈｏで数字を一元管理し、そうしたリスクも著しく低下しました。

同社では現在、Ｚｏｈｏの45以上のアプリを利用できるZoho Oneというパッケージを導入しており、あらゆる業務においてＺｏｈｏの活用を進めています。将来はＬＩＮＥとの連携や、顧客管理の分野だけでなく、全社のあらゆる情報を統合し、経営に関わる情報全てをＺｏｈｏで管理していくことを目標にしています。

成功事例⑮

自社のシステムをＺｏｈｏに置き換え、システム費用2分の1と業務効率向上を実現したＷｅｂ制作会社

大阪・東京・宮崎に拠点を構える、Ｚｏｈｏパートナーでもありwebサイト制作を手がける株式会社ジーニアスウェブ様では、Ｚｏｈｏの45以上のプロダクトがパッケージとなったZoho Oneを導入。自社のあらゆるシステムをＺｏｈｏに置き換え、大きな効果を上げています。

（事例提供：株式会社データサービス）

●顧客サポート業務をZoho Deskにより効率化を実現

例えば、顧客サポート業務が挙げられます。同社ではもともと、某ビジネスSNSを使って顧客サポートを行っていましたが、次の2つの課題がありました。

1つ目の課題は、タスク漏れの発生です。チャットを介したやり取りだと会話がどんどん流れていってしまい、別の相談事や会話が混在する過程で、タスク漏れが発生していたのです。

2つ目の課題は、顧客からのサポート依頼を可視化・分析して次の一手につなげられていないことです。例えば、Webサイトの更新依頼が半年以上なければ、解約される可能性がありますが、「最近、更新依頼や問合わせがないな」と気付いた時にはすでに手遅れ。解約の予兆をいち早く把握し、それを未然に防ぐための打ち手がなかったのです。

そこで、同社では専用のツールを用いたヘルプデスクやサポート業務の強化が不可欠と判断。Zoho Deskの導入を決めました。

●Zoho Desk導入でタスク漏れがゼロに

結果として、同社ではZoho Deskの運用を開始してから、タスク漏れは1件も発生していません。

顧客からのサポート依頼があればチケットが発行され、担当者に対応が割り当てられます。その際に、サポートが完了しない限り、担当者のタスクとしてチケットが手元に留まり続けるので、自分自身が遂行すべき業務として明確化された影響が大きくなります。

実際、担当者にも「タスクを早くゼロにしたい」という意識が芽生えているようです。担当者の割り振りもZoho Desk上で行えるため、グループチャットを利用していた時のような、「誰がサポートをしなければならない

図表4-8　ジーニアスウェブ様におけるZoho活用の例

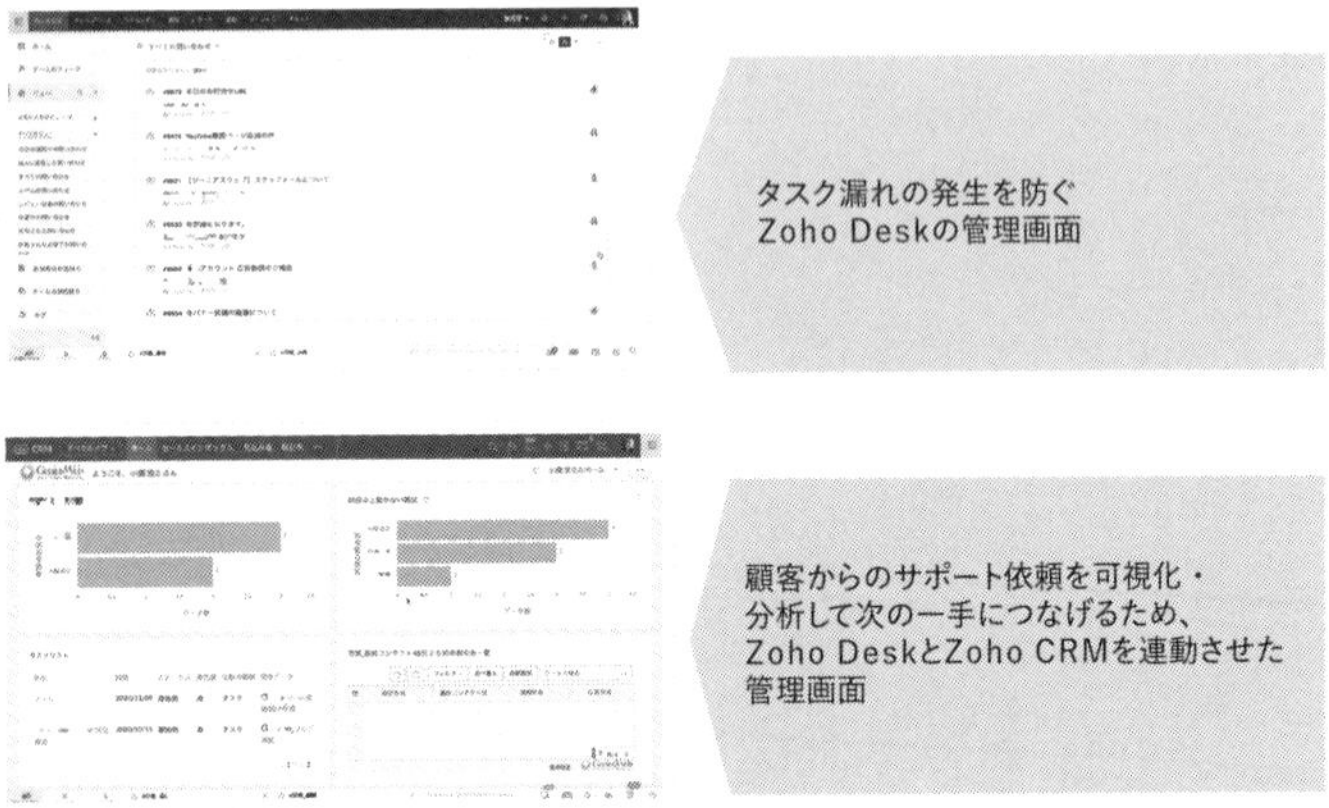
タスク漏れの発生を防ぐ
Zoho Deskの管理画面
顧客からのサポート依頼を可視化・
分析して次の一手につなげるため、
Zoho DeskとZoho CRMを連動させた
管理画面

のか、判断できない」といった状況に陥ることも防げています。

さらに、Zoho Deskの導入前は、顧客と担当者がどのような会話をしているのかわかりませんでした。

導入後は、やり取りが可視化されたことで、依頼の内容に応じて営業担当者をアサインする、といった手立てが打てるようになっています。月間のチケット発行数も一目瞭然となったことで、担当者の業務負荷も把握できるようになり、人的リソースの最適な配置も行えるようになりました。

何より、当初の目的であった、「一定期間、問合わせのない顧客の可視化」ができるようになり、解約を防ぐための次の一手を打てるようになったメリットは大きいといえます。

●Zoho Oneの導入を決断、随時システムをＺｏｈｏに移管し、費用2分の1を実現

次に同社が検討したのが、Zoho Recruitです。Zoho Recruitは採用管理のプロダクトですが、同社ではそれまでスプレッドシートを使って求職者の管理を行っていたのです。

同社では新卒採用を強化していたのですが、年間２００〜３００人にもおよぶエント

リーをスプレッドシートで管理していたため、作業が多くなることはもちろんですが、顧客サポートの時と同様に〝作業の抜け漏れ〟あるいは〝面接のダブルブッキング〟さらには〝返事ミス〟が発生するなど、課題が多発しました。

こうしたこともあり、同社ではZoho Recruitを採用しました。

Zoho Deskの時もそうでしたが、Zoho Recruitも費用が競合プロダクトと比較した時に各段に安く、同社では迷うことなく導入をしました。その結果、採用管理は担当者1名で難なくこなせるようになり、それまで発生していたミスもゼロにできました。

こうした成功体験もあり、同社ではZoho Oneの導入を決断。自社システムについて、随時Ｚｏｈｏに置き換えを進めています。

現在では大半の社内システムをＺｏｈｏに置き換えることで、業務効率を上げて残業時間を10時間（1人・1ヶ月あたり）に削減すると同時に、システム費用そのものも従来の2分の1にすることに成功しています。

Zoho Oneのプロダクトや機能は日々充足・強化が進んでおり、同社ではそうしたこともいち早くキャッチアップして、さらなる活用を目指しています。

第5章

ローコード・ノーコードによるシステム内製

なぜ今、システム内製なのか

さて、ここまで述べてきたＩＴ業界のメガトレンドともいえる「ローコード・ノーコード」ですが、こうした「ローコード・ノーコード」の普及により近年特に進んでいるのが〝システムの内製〟です。

そもそも、日本がデジタルで出遅れた要因の1つとして、「システムの外注志向」を挙げることができます。

例えば、米国ではＩＴエンジニアの約7割がユーザー企業に所属しているといわれますが、日本の場合はＩＴエンジニアの約7割がＩＴベンダー企業に属し、約3割しかユーザー企業に所属していません（総務省『平成30年版　情報通信白書』より）。

つまり、デジタル先進国である米国と、デジタルで出遅れている日本は、ＩＴエンジニアの所属先において全く逆の構造になっているのです。

ところが、今まで述べてきた「ローコード・ノーコード」を活用すれば、比較的容易に〝システム内製〟を進めることができます。

システムを内製するメリットは次の4つです。

メリット① 自社の仕事の進め方に合ったシステム開発ができる

例えば近年のコロナ禍や、テクノロジーの進化によるデジタル化等によって、自社の仕事の進め方が変わることが想定されます。また、新たな事業の誕生、働き方の多様化などによって、ビジネスプロセスの変化が早く、大きくなっています。

このように、「仕事の進め方（ビジネスプロセス）」が変わった時に、システムを内製していれば、システムの変更も素早く対応することができます。

メリット② システム開発のスピードが大幅に上がる

当然のことながら、システム内製ができれば、システム開発のスピードが大幅に上がります。

例えば、現状の営業プロセスの中に、「インサイドセールス」という非対面の営業プロセスを追加することになったとします。その時、外部のシステム会社に追加で開発してもらうとなると、発注から納品まで、軽く1ヶ月程度はかかってしまうでしょう。ところが内製であれば、場合によっては即日テスト環境を作れてしまいます。

このように、システム開発のスピードが大幅に上がることが、システム内製の大きなメリットであるといえます。

メリット③　システム開発のコストが大幅に下がる

前述のシステムの変更を外部のシステム会社に頼むと、作業が発生する度にコストがかかってしまいます。その点、ローコード・ノーコードでシステム内製ができていれば、システムの変更が生じてもコストがかかることはありません。

仮に、外注するような大がかりな内容だったとしても、メリット②で述べた通りシステム開発に要する工数が大幅に短くなり、システム開発全体のコストも大幅に下がっていくのです。

メリット④　社内に開発ノウハウが蓄積される

システムを内製すれば、システムの開発ノウハウは全て社内に蓄積されていきます。あるいは社内だけでシステムを完全内製できないにしても、社外の専門家から支援を受けながらシステム内製を行うことで、開発の進め方や開発するシステムのスペックなど、開発ノウハウは社内に蓄積されていくことになります。

つまり、自社のデジタル人材のスキルがどんどん高まっていくことになります。さらに、外部の会社とのやり取りを通して、プロジェクト推進スキルや社内調整スキルなども高まっていくことになるでしょう。

図表 5-1　システム内製によるメリット

- メリット①　自社の仕事の進め方に合ったシステム開発ができる
- メリット②　システム開発のスピードが大幅に上がる
- メリット③　システム開発のコストが大幅に下がる
- メリット④　社内に開発ノウハウが蓄積される

↓

システム内製は、ただ工数・コストを削減するという効果だけでなく、
デジタル・ノウハウそのものが社内に蓄積され、会社そのものの競争力が
上がるという大きな効果を見込むことができる

このようにシステム内製は、ただ工数・コストを削減するという効果だけでなく、デジタル・ノウハウそのものが社内に蓄積され、会社そのものの競争力が上がるという大きな効果を見込むことができるのです。

中堅・中小企業がＤＸに成功するための「５つのポイント」

システムを完全に外部に発注するにせよ、本書で述べている通りに内製を行うにせよ、その実施そのものがデジタル変革であることには、何ら変わりがありません。

私たちは、これまで４００社を超える中堅・中小企業へのＤＸコンサルティングを手がけてきていますが、その経験から中堅・中小企業がＤＸに成功するためには次の５つのポイントを押さえる必要があると考えています。

①社長が覚悟を決め、自らも関与すると同時に、社内のエース級の人材をDXの中核人材として投入している。
②人海戦術や、少々の頑張りでは達成できないような、ストレッチした高い目標設定をし、また挑戦しようとしている。
③現場が成果を体感できて営業が楽になるなど、当初の段階で明らかに成果の上がる絵を描いた状態で臨んでいる。
④短期間で成果を上げ、まずは小さな成功事例をつくり、現場の意見を聞きながら次々と新たな挑戦目標に挑むスタンスで取り組んでいる。
⑤5〜10年後の経営体制をイメージし、デジタル人材が経営トップと営業部門をサポートする組織体制を組み上げている。

ここからは、その詳細を述べていきます。

成功するポイント①

〝覚悟を決める〟というのは、絶対に成功するまでやりきる、という強い意志を持つことです。そうした姿勢を社内外にも見せていくためには、社長自らの関与は必須になりますし、また社内のエース級の人材をＤＸの中核人材として投入する必要があります。

ここで、どのような人材を投入するべきなのかというと、一言でいえば所属部門のマネージャーが出し渋るほどのエース級社員を、システム内製のプロジェクトリーダーに据える、ということです。

一般にデジタル変革を行うとなると、何より「デジタルスキル」の有無に目がいきがちですが、ＤＸを進める上で大事なのは「変革スキル」の方です。

デジタル変革のことを、文字通り「デジタル・トランスフォーメーション（＝変革）」と

図表 5-2　DX 人材育成のポイント

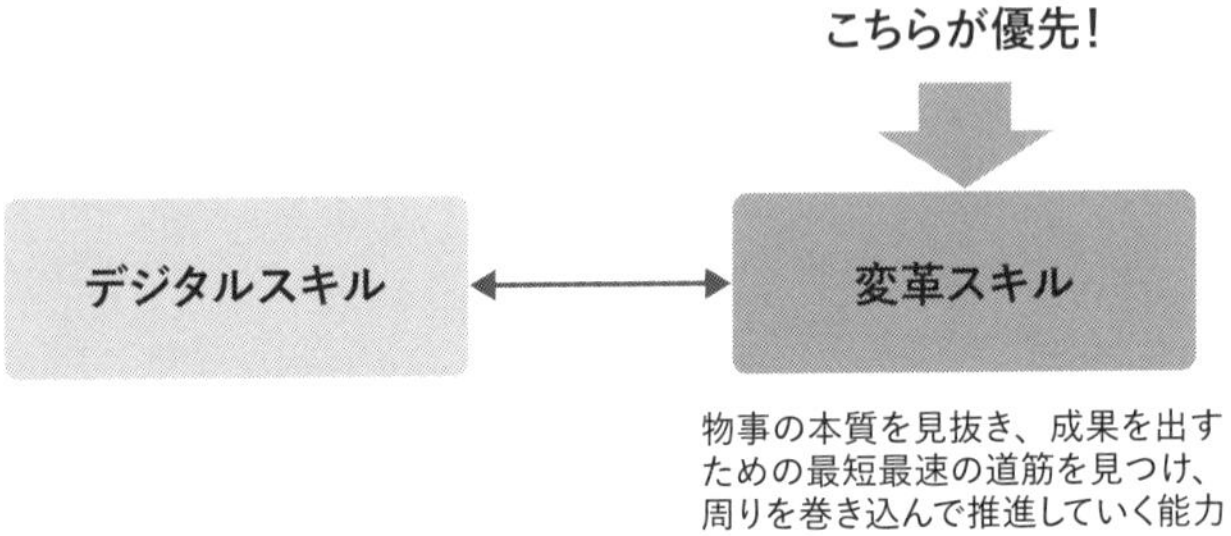
こちらが優先！
デジタルスキル
変革スキル
物事の本質を見抜き、成果を出すための最短最速の道筋を見つけ、周りを巻き込んで推進していく能力

・「変革スキル」を持った人物とは、結局のところ「現場のエース社員」。
・所属部門のマネージャーが出し渋るほどのエース社員を、システム内製のプロジェクトリーダーに据えることが、成功のために大事なポイント。

いいますが、DXという言葉を構成する「デジタル」と「変革」のうち、必須のスキルが後者である、ということなのです。

ここで言う変革スキルとは、「物事の本質を見抜き、成果を出すための最短最速の道筋を見つけ、周りを巻き込んで推進していく能力」です。そして、そうしたスキルを持っているのは結局のところ、現場のエース級社員なのです。

成功するポイント②

この後の第6章でも述べますが、DX（システム内製）を進めていくプロセスの中で、システム開発の目的・目標を設定するのは重要なプロセスになります。

ここで、特に第3章や第4章で述べてきた成功事例で示された様々な成果の数値は、従来のビジネスプロセスの延長線上では到底不可能な成果ばかりです。必要があれば外部の専門家とも相談して、適切なチャレンジ目標を設定する必要があります。

成功するポイント③

これは第3章で述べたSoE（システム・オブ・エンゲージメント：フロントオフィス・顧客まわり）といった、明らかに業績が上がる領域から手をつけていくこと。あるいは第4章で述べたように、明らかに大きくコストダウンが可能な領域から手をつけていくなど、明らかに成果が上がるように取り組む、ということです。

その結果、実際に現場がDXの成果あるいは恩恵を肌で感じることができれば、会社の取り組みそのものに共感が得られ、次の展開もより進めやすくなるといえます。

図表 5-3　中堅・中小企業がDXに成功する5つのポイント

ポイント1	社長が覚悟を決め、自らも関与すると同時に、社内のエース級の人材をDXの中核人材として投入している 。
ポイント 2	人海戦術や、少々の頑張りでは達成できないような、ストレッチした高い目標設定をし、また挑戦しようとしている。
ポイント 3	現場が成果を体感できて営業が楽になるなど、当初の段階で明らかに成果の上がる絵を描いた状態で臨んでいる。
ポイント 4	短期間で成果を上げ、まずは小さな成功事例をつくり、現場の意見を聞きながら次々と新たな挑戦目標に挑むスタンスで取り組んでいる。
ポイント 5	5～10年後の経営体制をイメージし、デジタル人材が経営トップと営業部門をサポートする組織体制を組み上げている。

成功するポイント④

ローコード・ノーコードプラットフォームであるZohoの場合、例えばチャットボットやMA（マーケティング・オートメーション）のような、限られたビジネスプロセス領域からDXを手がけ、その後にもっと広いビジネス領域をカバーしていくといった、「小さく始めて大きく育てる」というデジタル変革が可能になります。

その結果、短期間で成果を上げることができ、かつ現場の意見を取り入れながらよりブラッシュアップしていくことができます。現場の意見を取り入れることで、デジタル変革そのものに対して、現場からより共感を得ることができます。

同時にこうした一連の取り組みを通して、現場のデジタルスキルも間違いなく上がることでしょう。

成功するポイント⑤

今、このデジタル変革に関わる中核メンバーというのは、間違いなく自社の5～10年後の経営幹部となっているはずです。

また逆に、将来の経営幹部候補にこうしたデジタル変革に関与してもらった結果、前述のデジタルスキルに加え、より一層の変革スキルも身につけてもらう必要があります。

そうした観点で、5～10年後の自社の組織体制をイメージしながら、自社のデジタル変革を進めていく必要があるのです。

ＤＸ人材を育成する「教育プログラム活用のポイント」

社員の教育と聞くと集合型研修を想像しがちですが、デジタルスキル習得のための講座は、動画を個人ごとに視聴するｅラーニング形式が適しています。これは個人ごとにデジタルリテラシーが異なるために、わからなくなるポイントが人によって違うからです。

集合型研修であれば、個人ごとに合わせたスピードの調整が難しいですが、ｅラーニング形式であれば、受講者自身でわからない部分を繰り返し見て学習することもできます。

また、より効果的なトレーニングは、実際に自分で手を動かしながら体験するような「ハンズオン形式」と呼ばれるトレーニングです。ｅラーニングを見てわかったつもりになるだけでなく、実際に手を動かして実践することで、自分で使えるところまで完遂させるのです。

実際に、船井総研グループの新入社員コンサルタントは、第2章で述べたZoho教育プログラム（Digital Enabler Training with Zoho）のeラーニングを視聴した後に、ハンズオントレーニングを行っています。ハンズオントレーニングはZohoを使ったチャットボットやMA、SFAやCRMの構築方法を習得し、部門配属しているのです。

ここでもう1つ、教育のポイントを挙げるとすれば「教えすぎない」ということです。教育に熱心な会社ほど、多くのことを学習させようとしてしまいます。しかし、多くのことを教えすぎると消化不良になり、業務で実践することができないことで、かえってスキル習得が遅くなってしまうのです。

たくさん覚えてほしいのであれば、小さく分けて学習と実践のサイクルを繰り返すことで、一段ずつレベルアップしていく、そんな学習ステップを設計することが必要です。

システム内製はどこまでを社内で行い、どこからを外部に依頼すべきか

システム内製といっても、必ずしも全てを自社で内製することにこだわる必要はありません。むしろ、質の高いシステムを完成させるためには、社外のプロ（外部パートナー）の力を利用することが賢明です。

ただしシステム内製を進める上での前提として、

①自社で主導すべきこと
②外部パートナーと共同で行うべきこと
③外部パートナーに任せるべきこと

の3つに作業を分けることができます。それを以下に述べます。

①自社で主導すべきもの

①-1　デジタル化の戦略・企画策定

会社として何を目指してデジタル化を進めていくのか、その投資対効果をどう設計するのか、といったデジタル化の戦略・企画の策定は、必ず自社でやるべき部分です。

もちろん、これまでやったことのないデジタル化を進めていく中で、コンサルタントやシステムベンダーなど、様々な人にアドバイスをもらい知恵を借りることは悪いことではなく、むしろ積極的に情報収集すべきです。

ただし、自社の経営戦略の責任は、自社に帰されます。経営戦略の根幹となるデジタル化の意思決定も、他人任せにせず、納得できるまで自社で検討し、判断する必要があります。

①-2　システムの要件定義

要件定義とは、「どのようなシステムをつくるのか」を決めることです。具体的には、システムにどのような機能を持たせて、どのように業務オペレーションを回すのか、を決めることを指します。

よく「つくってもらったシステムが使いものにならない」というトラブルを聞くこともありますが、そうしたケースの大半は要件定義の詰めの甘さが原因です。どのようなシステムにするのかが、正確に外部のシステム会社に伝わっていないことが原因なのです。

後述するFit & Gap分析は、外部のシステム会社に行ってもらうにしても、要件定義は自社で丁寧に検討して進めるべきなのです。

①-3　セキュリティ・インフラ管理

内製するシステムを載せるインフラ管理や、セキュリティ管理を行う責任者を社内で決めて、安全に使えるようにするための対策は、自社で行う必要があります。

システム内製ができるローコード・ノーコード開発プラットフォームは、社員でどんどん機能の追加や改修ができて便利な一方で、誤って本番環境のシステムを壊す、情報を削除してしまうといったリスクもあります。

また、安定した通信環境の確保や、退職者のアクセス権限の削除、社員のパスワードが適切な強度になっているかの確認など、セキュリティ対策をしっかり行わなければ、悪意のある人から攻撃を受けて顧客情報が漏洩する恐れもあります。

こうしたリスクは大企業だけに限ったものでなく、中小企業に対してもIPA（独立行政法人情報処理推進機構）が「中小企業の情報セキュリティ対策ガイドライン」を公表しています。これらを確認し、適切な情報セキュリティ対策を行う必要があります。

②外部パートナーと共同で行うべきこと

②-1　システムの基本設計

システムの要件定義に基づいて具体的な画面イメージを設計し、開発内容にズレがないかを確認する設計作業までが基本設計になります。

初めて導入するツールの場合、どのような画面になるのかが十分にわかっていないため、外部パートナーの力も借りて、基本設計を行ってもらうことも多くなると思われます。例えば、そうした画面イメージを実際に使う現場メンバーにも確認してもらうなど、導入後の利用シーンでも違和感がないかを確認してもらいながら、基本設計を固めていくことが必要です。

②-2　プログラミングを伴わない開発（ツール設定）

外部パートナーは、基本設計に基づいてシステムの開発を行っていきます。その中で、ローコード・ノーコードツールで開発する場合は、プログラミングを伴わない開発があります。こうした工程は完全に外部に委託するのではなく、いくつか社内で行ってみた方が良いでしょう。

開発の段階でツール設定に慣れておくことが、システム稼働後の細かい修正を社内でスピーディーに行うことにつながります。

③外部パートナーに任せるべきこと

③-1　Fit & Gap分析

システムでやりたいことが、どれくらい実現できるかを確認するのがFit & Gap分析です。

仮にローコード・ノーコードツールが社内に導入されており、新たな業務に当てはめてシステム内製する場合は、社内で実行できるでしょう。

しかし、新たなローコード・ノーコードツールでシステム内製を行う場合は、ツールの活用や設定、開発のノウハウが社内には十分にないため、実際に構築した経験やノウハウを持つ外部パートナーに任せるべきでしょう。

③-2　プログラミングを伴う開発

ローコード・ノーコードツールでシステム内製を行うとしても、どうしてもやりたいことが標準機能だけで収まらず、プログラミングを行って開発するケースも出てくるでしょう。こういった業務は、システム稼働後も恒常的にあるものではなく、専門性が必要となるので、社外に任せるべきものです。

図表 5-4　システム内製はどこまでを社内で行い、どこまでを外部に依頼すべきなのか

自社で主導すべきもの	共同して行うべきもの	社外に任せるべきもの
・デジタル化の戦略・企画策定 ・システムの要件定義 ・セキュリティ・インフラ管理	・システムの基本設計 ・プログラミングを伴わない開発（設定）	・Fit&Gap 分析 ・プログラミングを伴う開発

システム内製における外部パートナー活用のポイント

ここまで、システム内製の業務を実施する対象について、自社で主導すべきもの、共同して行うべきもの、社外に任せるべきものの3つに分けてご紹介してきましたが、任せる外部パートナーはどのように選び、どのように付き合うのが良いのでしょうか。

ここからは、「外部パートナーを選ぶ際の7つのチェックポイント」についてお伝えします。

チェックポイント① 現場主義：経営者と現場に寄り添ってくれるか

システムを通じて経営者が実現したいこと、現場が実現したいことに寄り添ってくれる会社を選びましょう。会社の理念や思想、文化をよく知り、事業内容をよく理解しないと、本当に使えるシステムというのはつくれません。

したがって、システムが使われる現場を大事にし、理解しようというスタンスの会社を選びましょう。

チェックポイント② 全体最適の提案：全体最適の視点で提案してくれるか

システムには、それを使って業務を行うオペレーションも必ずセットになっています。システムでカバーできない部分はオペレーションで補うことになりますが、システムでできることが少ないとオペレーションの負荷がかかります。

反対に、事業の変化が早い場合、システムをつくり込んでしまうと、事業側の変化についていけなくなり、システム改修コストが高くかさんでしまいます。

また、特定の部門やビジネスプロセスから始める場合に、全社への展開を構想しているか否かで、横展開できるようにテンプレート化を行うかどうかも変わってきます。

このような全体最適の視点を持ち、サポートを提案してくれる会社を選びましょう。

チェックポイント③ 成果へのコミット姿勢：成果にコミットする姿勢があるか

開発を請け負ってくれる会社はありますが、システム開発を通じて実現したいビジネスの目的まで理解し、一緒にコミットしてくれる会社はあまり多くありません。

システム開発でやりたいことは、エクセレントなシステムをつくるのではなく、ビジネスを成功させることのはずです。そのためには、単なる開発に留まらない会社を選ぶようにしましょう。

チェックポイント④　同規模・同業種での実績：同規模・同業種で多くの実績があるか

会社の規模によって、システムを利用する人数が変わってくるため、システムにかけるべき予算ももちろん変わっていきます。また、業界ごとに商慣習があるので、自社の業界の商習慣を理解してくれるかどうか、というのも大事な視点です。

自社と同規模・同業種での開発実績が多くある会社を選ぶことが、重要なポイントの1つになります。

チェックポイント⑤　投資対効果の算出：投資対効果の算出に協力してくれるか

システム開発を始める要件定義の際に、投資対効果を算出してから投資額を決めて、開発をスタートすることが一般的です。

この際に、同業他社での業績アップ事例や業務効率化事例など、どれくらいの成果が出ているかの情報収集に協力してくれる会社を選びましょう。

なお、この成果を想定できない、もしくは知らない会社は、前述の③に記した「成果」

にあまりコミットしていない会社かもしれません。

チェックポイント⑥　不要な開発の提案：必要と思えない開発提案をしてこないか

システム開発会社は、開発の仕事を受けてエンジニアを稼働させることで収益を得ています。したがって、ローコード・ノーコードツールであったとしても、追加機能の開発や、他ツールとの連携機能の開発の仕事が取れると収益が上がります。

もちろん、追加機能を開発することでシステムの利便性は上がりますが、その分コストもかかっていきます。必要と思えない開発の提案が含まれていないかをチェックしましょう。

また、そのような提案を行ってくる会社は、顧客貢献よりも自社収益を優先している可能性があるので、注意が必要です。

チェックポイント⑦　業績の推移：ベンダー自身の業績は伸びているか

ここまでご紹介したチェックポイントを満たすシステムベンダーは、実はそれほど多くありません。そのため、めぐり合うまでに時間がかかるかもしれませんが、シンプルでわかりやすい1つの指標が、ベンダー自身の業績が伸びているかどうかです。

なぜなら、この要素を満たす会社は重宝されるため、仕事が増え続け業績が伸びているはずだからです。

なお、営業担当者が非常に良いのに会社の業績があまり伸びていない場合、組織力が低く特定のハイパフォーマーな社員によって成り立っており、その後の開発工程では思うような人員を充ててもらえない恐れもあるので、注意が必要でしょう。

図表 5-5　外部パートナーを選ぶ際の7つのチェックポイント

□	チェックポイント①	現場主義：経営者と現場に寄り添ってくれるか
□	チェックポイント②	全体最適の提案：全体最適の視点で提案してくれるか
□	チェックポイント③	成果へのコミット姿勢：成果にコミットする姿勢があるか
□	チェックポイント④	同規模・同業種での実績：同規模・同業種で多くの実績があるか
□	チェックポイント⑤	投資対効果の算出：投資対効果の算出に協力してくれるか
□	チェックポイント⑥	不要な開発の提案：必要と思えない開発提案をしてこないか
□	チェックポイント⑦	業績の推移：ベンダー自身の業績は伸びているか

PMO支援とは何か

システム内製とともに広がっているのが「PMO支援」です。この章の締めくくりに、PMO支援を活用したシステム内製について触れておきます。

まず、自社のシステム内製においてキーパーソンとなるのが、プロジェクトマネージャー（PM）です。プロジェクトマネージャーとは、担当するプロジェクトを成功に導くための計画立案から、進捗・品質・コストの管理までを担う責任者のことを指します。要は、幹事のような存在です。

例えば、社員懇親会の幹事に任命された社員は、企画や予算管理から、当日の運営までを行っていきます。具体的には、限られた中でどんなお店でどんな料理にするのか、当日はどんなイベントを行って楽しませるのか、イベントは出し物にするのか全員参加のゲームにするのか、サプライズゲストを呼ぶのか等を決め、会場の下見から関係者の打合せまでのスケジュールを決め、進捗の管理を行い、様々な調整を行いながら、社員に楽しんでもらうというゴールに向けて奔走していきます。

これが「社員懇親会を成功させる」というプロジェクトマネジメントであり、幹事は立派なプロジェクトマネージャーです（ちなみにプロジェクトマネジメントの適性がある若手社員を発見するために、宴会幹事を任せる会社もあります。イベントの段取り力と、プロジェクトマネジメント力はリンクしています）。

そして、こうしたプロジェクトマネージャーの意思決定や、決定事項のスムーズな進行をサポートするのが、プロジェクトマネジメントオフィス（ＰＭＯ）という組織です。

先ほどの懇親会を例に挙げると、会場となるお店の候補を探したり、他の懇親会で盛り上がったイベントの事例収集を行ったりすることで、幹事の意思決定をサポートする役割です。また、開催日程を決めた後の出欠確認を行う、参加者からの集金を取りまとめるといった、スムーズに進行させるためのサポートを行うような役割もあります。

こうしたＰＭＯの機能を代行する、あるいは支援するサービスのことを「ＰＭＯ支援」といいます。近年はシステム内製がブームとなっていることもあり、この「ＰＭＯ支援」

サービスを提供するコンサルティング会社も増えています。
同時に、「PMO支援」サービスを利用するユーザー企業も増えています。

システム内製で「PMO支援」を受けるパターンは、主に次に記す5つとなります。
もちろん活用目的は1つだけでなく、複数のこともありますので、自社が必要とするものを想定しながら「PMO支援」の検討を行うのが良いでしょう。

①システム開発の進行支援
システム内製に慣れていない場合、失敗してしまわないように、システム開発の進め方

図表 5-6　PMO 支援とは何か

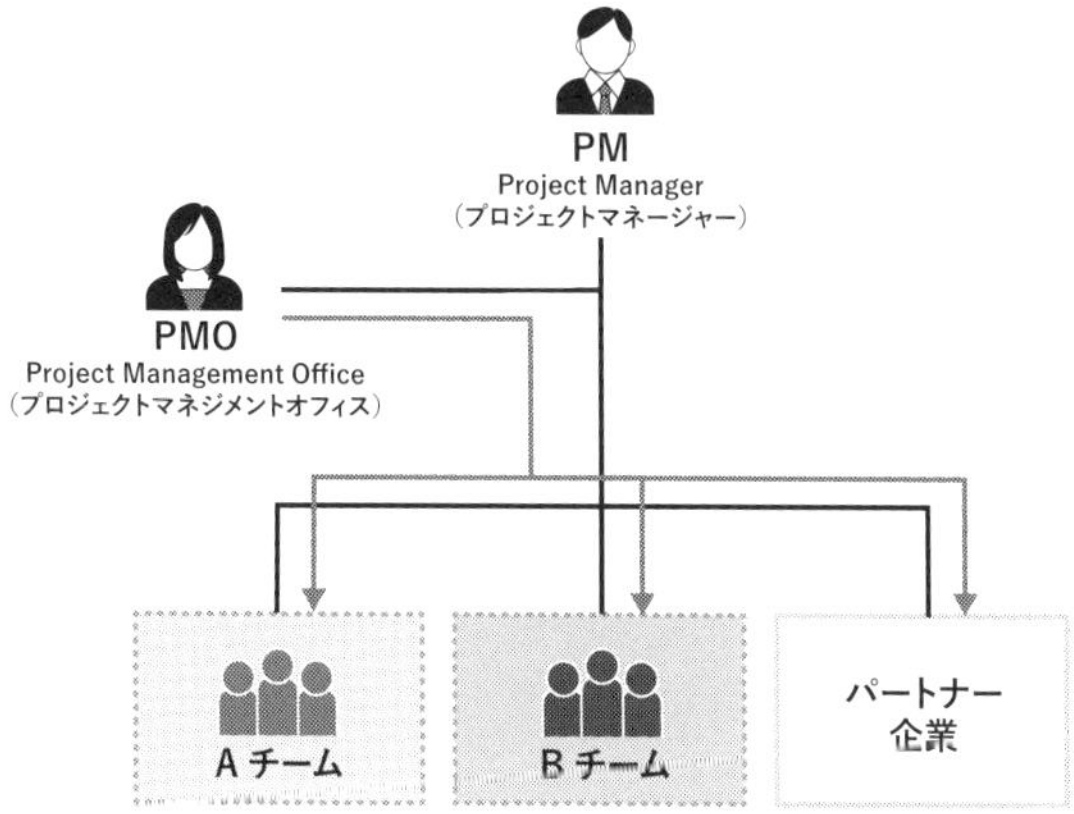

そのものをアドバイスしてもらいながら進める必要があります。

この場合のＰＭＯ支援は、何をどの順番で進めるのかをレクチャーしてもらう形です。

②システム開発の技術支援

初めて使うローコード・ノーコードツールであれば、その設定・構築・開発方法について、技術的なノウハウを教えてもらいながら進める必要があります。

この場合のＰＭＯ支援は、他社での構築・開発のベストプラクティスを教えてもらい、利便性とメンテナンス性の高いシステムの内製をサポートしてもらう形です。

③アジャイル開発の推進支援

システム内製をアジャイルで行っていく場合、アジャイル開発の専門家に入ってもらい、開発計画の策定と進行管理を教えてもらいながら進める必要があります。

「アジャイルコーチ」や、アジャイル開発のフレームワークの1つである「スクラム」をレクチャーする「スクラムマスター」という専門職があり、スキルを認定する認定資格もあります。

この場合のＰＭＯ支援は、社内でアジャイル開発ができるように、進め方をサポートしてもらう形です。

④システムベンダーのコントロール支援

内製するシステムの一部を外注する場合、外部のシステムベンダーに明確に指示を出して、開発してもらう必要があります。

ただし、システム開発に慣れていない状況だと、上手に指示が出せないため、ＰＭＯ支援の中で、指示出しをサポートしてもらい、開発してもらった機能の検収を行ってもらう形です。

⑤複数部門横断の進行支援

複数部門でシステム内製を進める場合、相互に連携しながら、同じシステムを二重に開発してしまわないように調整する必要があります。

この場合のＰＭＯ支援は、各開発プロジェクトのマネージャーと連携し、社内の複数部門の進行状況を管理し、ムリ・ムラ・ムダのないように社内調整を行っていきます。

第6章

ローコード・ノーコードによるシステム内製8つのステップ

ローコード・ノーコードによるシステム内製のポイントと、8つのステップ

では、こうしたローコード・ノーコードを活用して、いかにシステム内製を進めていけば良いでしょうか。本章では、ローコード・ノーコードによるシステム内製を、8つのステップに分けて解説していきます。

〈ローコード・ノーコードによるシステム内製8つのステップ〉

ステップ1　システム開発の目的・目標の設定
ステップ2　既存システムのビジネスプロセス・機能の洗い出し
ステップ3　フィット&ギャップ分析
ステップ4　要件定義
ステップ5　プロトタイプの開発
ステップ6　既存システムとの並行活用とトラブルシューティング

ステップ7　リプレイスの実施
ステップ8　運用

この8つのステップは、デジタル変革プロジェクトを進めていく一般的な流れでもあります。

従来のシステム開発のプロジェクトはＳｏＲ（システム・オブ・レコード：基幹系）領域が中心であり、いわゆる「ＩＴの知識」主体で進めていくことができる世界でした。

それに対して、ローコード・ノーコードによるシステム内製の場合は、ＳｏＥ（システム・オブ・エンゲージメント：顧客まわり）領域が主体になることから、従来の「ＩＴの知識」だけでなく「ビジネスの知識」も必要となり、ビジネス現場の関係者も巻き込みながら、良い意味での〝試行錯誤（改善）〟を繰り返しつつシステム構築を行っていくことになります。

また、ＳｏＲ領域をローコード・ノーコードでシステム内製を行う場合は、既存システムからの置き換えや、既存システムとの連携といったケースが多いといえます。従来のシステム開発の場合は、あらかじめ立てられた計画（要求・要件）通りに開発することが前提でした。しかし、ローコード・ノーコードによる開発の場合は、いちはやく試作品を完成させて、テストを繰り返すことでシステム全体を完成させることが前提です。

こうした観点で、従来のシステム開発のステップと、ローコード・ノーコードによるシステム内製のステップはニュアンスが若干異なるところがあります。

各ステップについて、まずは概要から述べていきます。

ステップ1　システム開発の目的・目標の設定

システム開発が内製の場合であっても、あらゆるプロジェクトは目的・目標の設定が必須です。

ＳｏＲの領域であればコストダウン、あるいは工数削減が目的であり、数値（ＫＰＩ）での目標設定が想定されます。また、ＳｏＥの領域であれば集客数・商談数・受注件数の増加が目的であり、同様に数値（ＫＰＩ）での目標設定が想定されます。

ステップ2　既存システムのビジネスプロセス・機能の洗い出し

既存システムだけでなく、人手による入力作業や確認作業も含めて、ビジネスプロセス・機能を洗い出します。洗い出したビジネスプロセス・機能は、業務フローや相関図、各種フレームワークなどを活用することで全体を可視化し、課題や問題点を整理していきます。

ステップ3　フィット&ギャップ分析

ビジネスプロセス・機能を洗い出したものに対して、導入を検討している製品やサービスがフィットしているのか、それともギャップがあるのか判定し、適合率やコストなどから比較・検討していきます。Ｚｏｈｏは、全てのビジネスプロセスを網羅していることか

図表6-1　従来のシステム開発と、ローコード・ノーコードによるシステム内製の違い

	従来のシステム開発	ローコード・ノーコードによるシステム内製
主な領域	SoR（システム・オブ・レコード：基幹系）領域が中心	SoE（システム・オブ・エンゲージメント：顧客まわり）領域が中心
必要な知識	「ITの知識」主体	「ITの知識」だけでなく「ビジネスの知識」も必要
プロジェクトの進め方	あらかじめ立てられた計画（要求・要件）通りに開発（ウォーターフォール）	いちはやく試作品を完成させて、テストを繰り返すことでシステム全体を完成（アジャイル）

ら、他のプロダクトと比較して適合度は高く、またコストパフォーマンスも非常に優れています。

ステップ4　要件定義

要件定義では、どのようなシステムをつくるのかを決定し、システム全体の内容を要件定義書として取りまとめます。要件定義書に記載する内容としては、次のようになります。

- システム概要
- 業務全体図、システム構成図
- システム化業務フロー
- 機能要件、非機能要件

ステップ5　プロトタイプの開発

プロトタイプの開発では、要件定義した内容に沿った試作品をつくることで、早い段階で画面イメージを確認することができるため、認識の齟齬を減らすことができます。Zo ｈｏでは、ＧＵＩ※の操作で画面やレポートを簡単に生成できるので、プロトタイプ開発に向いています。

ステップ6　既存システムとの並行活用とトラブルシューティング

既存システムから新システムへの切り替えには、リスクが伴います。例えば、移行したデータに不備があったり、システムの操作に不慣れで誤操作したりすることが想定されます。そのようなトラブルを回避するため、新システムを並行活用することでリスク軽減を図ります。

ステップ7　リプレイスの実施

ＩＴでのリプレイスとは、既存システムから新システムへ置き換えることを意味しています。既存システムを利用していない場合、そのまま新システムを利用できますが、既存システムを利用している場合、先のステップで述べたとおり、並行活用で検証した上で、リプレイスを実施することになります。

※（ユーザーの使いやすさを重視し、直感的にコンピューターに指令を出せるようにしたインターフェース）

ステップ8　運用

リプレイスの実施後は、システムを運用していくことになります。運用にあたっては、システムの操作説明書や運用手順書などの準備、利用部門への操作説明会の実施、問合わせ窓口の設置や運用保守体制の確立が必要となります。

以上の8ステップを経て、システムの内製化によってDXの実現ができるようになります。ここからは、各ステップについて細かな点までご説明していきます。

ステップ1　システム開発の目的・目標の設定

あらゆるプロジェクトの推進には目的・目標の設定が必要です。

特に、システム開発の場合は、それがローコード・ノーコードによるシステム内製の場合であっても、会社のトップあるいは組織のトップが、今回のシステム開発で何を実現するかといった目的を明確に示す必要があります。
各機能の目的については、トップではなく、各機能の主担当に検討してもらうようにしましょう。責任や権限に応じたメンバーが各機能でそれぞれの目的を策定することで、各社員にオーナーシップが生まれ、デジタル変革を推進する上でモチベーションが高まり、プロジェクトがスムーズに進むようになります。

また、重ねて強調すると、こうしたデジタル変革のプロジェクトというのは、得てしてプロジェクトが進むにつれ、「デジタルツールを導入することそのもの」が目的化されてしまい、そもそもの目的・目標が忘れ去られがちになります。
デジタル化はあくまで手段ですが、それが目的になってしまうと、本来果たすべき目的・目標が果たせなくなることになってしまいます。

この「目的」を立てる際、よく「目的」と「目標」が混同されがちですが、システム開発でいう「目的」とは、なぜその開発費用を投資する必要があるのかを、課題に対して一言で説明できるものを指します。

例えば、「顧客からの問合せ数の増加に伴い、エクセルによる問合せ管理が煩雑化、連絡漏れが発生している」という課題に対して、「問合せ対応を適切に行うことによる、問合せ管理、営業管理の効率化」といった内容は目的といえるでしょう。

これに対して「目標」とは、目的を達成するための具体的な目印になります。

前述のケースでいうと、例えば「入力事務の時間を○割削減する」といったことが目標になります。ただし目標設定の根拠が乏しい場合、逆に現場のモチベーションを下げてしまうことがあるため要注意です。きちんとしたシミュレーションを行うなど、適切な目標設定が重要なポイントになります。

繰り返しにはなりますが、目的と目標を設定する際、注意しなければならないことは「新たなシステムを導入する」ことが目的ではないということです。

「そんなこと当たり前だ」と思われるかもしれませんが、現実問題としてシステム導入の現場では、システムを導入することが担当者の中で先行してしまい、とにかくシステムをスケジュール通りに稼働させるために実装するシステムの一部を削減したり、使用者の理解を得られていない機能を実装したりしてしまうケースが発生します。

また、「入力事務の時間を○割削減する」という目標に集中するあまり、そもそもその入力業務自体をなくしてしまうといった、抜本的な見直しが見過ごされてしまうこともあります。

こうしたことを防ぐためには、システム内製においても「担当者の目線」だけではなく、「社長の目線」あるいは「組織TOPの目線」が必要です。

既存の業務ありきで発想し、その時間短縮だけを目指すのではなく、不要な業務プロセスそのものを廃止したり、統廃合したりすれば、本来の「目的」である「問合せ対応の効率化」をより劇的に進められる可能性があり

図表 6-2　目的・目標・手段について

ます。

Ｚｏｈｏの導入も含め、システム内製は目的を達成するための手段に過ぎないということを忘れず、常に「目的」や「目標」に立ち返ることが必要です。

ステップ2　既存システムのビジネスプロセス・機能の洗い出し

目的と目標の設定が完了し、続いては既存システムのビジネスプロセス・機能を明確化します。これらを明確化させることで、目的を達成する上での業務上のテーマ、使用者（ユーザー）のニーズ、改善点といった「課題・問題点」を明らかにできます。

洗い出したビジネスプロセスや機能は、業務フローや相関図といったフレームワークを活用しながら整理を行い、課題・問題点を検証していきます。そして最終的には、その課題・問題点を解決する具体的な施策や、理想的な業務フローを定義していきます。

そのためには、まず自社の業務全体を1つの図で見渡せる「業務全体図」を作成することが望ましいといえます。現在の業務状況を把握するために、「As Is（現状の姿）」の業務全体図を作成することが重要です。この図を作成することで、業務における課題を特定できるだけでなく、関係者間で業務全体像を共有することができます。

業務全体図の作成方法については、業務の担当者や関係者、部署を縦軸に配置し、それぞれが担当する業務をマッピングしていきます。マッピングする業務は、ヒト・モノ・カネ・情報を「関係者」や「システム」の間でやり取りしている業務になります。

業務全体図の作成が完了した後は、各業務の詳細を説明する「業務一覧」を作成します。業務を大きく分類し、分類ごとに詳細な処理を具体化し、一覧表に整理します。

この際、大分類、中分類、小分類といった階層を意識して整理を行うことで、抜け漏れがなく業務を洗い出すことができます。例えば、発注管理といった大分類から、発注データの登録、発注書の作成・印刷などの詳細な業務を中分類、小分類として洗い出していくような形です。

また、洗い出しの際は、どの部署や役割の人がその業務を行っているかもチェックしておきましょう。改めて業務の分担を明確にすることで、自分が普段行っている仕事以外のところについて全社として共通認識を持つことができます。

洗い出しのポイントとしては、現在利用している営業帳票や管理帳票などのドキュメント（エクセル・スプレッドシート・手書きの書類など）を収集したり、既存システムの機能を棚卸ししたりするといいでしょう。業務の仕組みを正確に理解するのに役立ち、全体像を把握しやすくなります。

一通り業務の洗い出しが完了した後は、「業務フロー」を作成します。

これは先ほどの「業務全体図」とは異なり、「業務一覧」の小分類に記載した業務の流れや関係者を可視化するために使用するものです。業務全体図同様、業務フローを作成することで、関係者間での認識のずれや誤解を回避することができ、コミュニケーションを円滑に進めることができます。

ここで大事なことは、ＩＴシステムのみならず、使用者（ユーザー）が手作業で行う作業もフローに記載することです。また、各フローについては、関係者が一目で概要を捉えられるシンプルな作図を心がけることがポイントです。

業務フローの作成に厳密な決まりはありませんが、複数人で作成を行うと記述がバラバラで理解できないフローになってしまうため、アイコンやイラストを使用する際のルールを設けておくと良いでしょう。

このステップ2の最後に、「業務一覧」や「業務フロー」によって明らかになった既存の業務に対し、ステップ1で立てた「目的・目標」の達成に向けてどのような〝課題・問題点〟があるか、どのような「業務フロー」

図表 6-3　業務一覧表（サンプル）

No	大分類	中分類	小分類	担当者	業務内容
1	購買業務	発注書業務	発注データ作成	購買課	システムにて発注データを作成
2			発注書作成・提出	購買課	発注データをもとに、発注書を印刷 仕入先に FAX にて提出
3		商品受け取り	発注商品受取	購買課	仕入先から商品を受け取り
4			商品保管	・・・	受け取った商品を倉庫に保管 在庫管理システムに入荷データを登録
5			支払い処理	・・・	・・・・

であれば「目的・目標」を達成できるのかといった、〝あるべき（理想の）業務像〟を整理・検討していきます。

ここで抽出された〝課題・問題点〟は、これからどのようなシステムを構築していくかの検討で活用されます。

また抽出された〝課題・問題点〟の中にも「最優先で取り組むべきもの」「急ぎではないが戦略的に解決すべきもの」といった形で、緊急度や重要度が異なるものが混在しているはずです。システム開発では、予算や期間が定められているケースがほとんどのため、まずは「課題」と「要望」といった切り口で問題点を分類し、その中でも、緊急度・重要度によるマトリクスを作成して、解決すべき課題の優先度を付けていくことが必要です。

ステップ3　フィット&ギャップ分析

DX化する領域が明確になったら、次に導入を検討しているシステムのフィット&ギャップ分析を行いましょう。

フィット&ギャップ分析とは、文字通りシステム化したい要件が、導入検討しているプロダクトで実現できる（フィット）のか、または乖離（ギャップ）があるのかを確認するものになります。

システムの開発をゼロベースから行うフルスクラッチ開発と比較し、パッケージやSaaSなど、いわゆる「既製品」を活用したローコード・ノーコードでの開発の場合は、各製品・各サービスで提供している機能や画面が異なってくるため、ステップ2で整理した業務上の課題とシステム化の要件をその製品が実現できるのか、1つひとつ確認する作業が必要となります。

まず、フィット&ギャップ分析を行う際は、自社の要件を縦軸に置き、検討している製品を横軸に並べた比較表を作成していきます。

次に、自社で定義した要件に対して製品が対応している場合は○、また対応していない場合は×といった要領で、要件にマッチする機能を保有している製品がどれになるかの整理を行います。製品によっては自社の要件をほぼ網羅しているケースや、一方で自社の要件に全く対応できない製品も存在するでしょう。

また、標準機能で対応していない場合でも、Ｚｏｈｏのようなノーコードだけでなくローコードの機能を含むツールであれば、製品が提供する環境を利用して独自の業務ロジックをつくることで回避する、「カスタマイズ」が可能なケースもあります。

例えば、商談管理を行いたいという要件がある場合、Zoho CRMには商談の進捗管理やその進捗記録を残すことができる商談管理機能があるため、その要件に対しては「標準機能」で対応可能になります。

しかし、商談データをもとに、見積りや請求データを自動的に作成したいという要件がある場合は、Ｚｏｈｏの標準機能では対応できないため、そのような自動化処理を、Ｚｏｈｏ独自のスクリプト言語「Deluge」を活用して「カスタマイズ」することで対応可能になる場合があります。

DelugeはＺｏｈｏがノンプログラマーのために用意したプログラミング言語のため、

複雑な言語ではなく、少ないコード行数で実行できるよう調整されているため、一般的なプログラミングよりも短い時間で構築できます。

また、Ｚｏｈｏ内のカスタマイズだけでは対応できない要件がある場合は、その機能を補うことができる別のパッケージやツールをＺｏｈｏと紐づける「連携」で対応可能なケースもあります。

クラウドSaaSプラットフォームを活用するポイントとして、既存システム全てをＺｏｈｏに無理にでも置き換える、ということは必ずしも考えない方が良いといえます。

また、Ｚｏｈｏには他システムとの連携を

図表6-4　フィット＆ギャップ分析　製品比較表（サンプル）

業務	要件	製品A	製品B	製品C	製品D
マーケティング	メールマガジン配信機能	○	○	○	×
	スコアリング機能	×	○	○	×
	アクセス解析機能	×	○	○	×
	ポップアップフォーム作成機能	○	×	○	×
	チャットボット作成機能	×	×	○	×
営業管理	商談フロー管理機能	×	△ ※カスタマイズで対応	×	○
適合率		33%	58%	83%	16%

可能にするＡＰＩ連携が用意されており、やはり業界ごとにデファクトスタンダードなシステムもあるため、そうしたシステムとＺｏｈｏを〝つなぐ〟という考え方の方がＤＸ全体としては、成功しやすくなるでしょう。

さらに、予算や費用対効果を考え、他プロダクトの代用も難しいとなった場合は、その業務のみ手作業で行うといった「運用回避」を検討することも必要です。

ステップ4　要件定義

システムの選定が完了すれば、次は「要件定義」を行っていきます。

要件定義では、どのようなシステムをつくるのか決定し、システム全体の内容を要件定義書として取りまとめます。そして要件定義書とは、システムを導入した際の新業務プロセスを、関係者間で共有しやすいよう図や一覧に示したものです。要件定義を行うことで、新業務で必要となるツールの整理を行うことが可能になります。

要件定義書の作成を始めるにあたり、まずはシステムを活用した新業務プロセスの「業務全体図」を作成します。ステップ2で検討した要望を実現するために、新システムを導入することでどのような業務に変化するのかといった「To Be（あるべき姿）」の業務全体図を作成することが重要になります。

次に、作成した新業務の「業務全体図」をベースに、「システム化業務フロー」を作成します。

既存業務の可視化やその業務上の課題を洗い出すために、ステップ2で作成した「業務フロー」とは異なり、「システム化業務フロー」は、その課題解決のために新業務の中で、システムをどのように活用するのかを表したドキュメントになります。システム化業務フローを作成することにより、業務全体において、システム化する範囲を明確化でき、システム化部分のおおよその処理を関係者間で共有することができます。

Ｚｏｈｏの場合、Ｚｏｈｏのレーンを業務フローに追加するのがよいですが、業務内容によっては複数のアプリにまたがって業務を行うケースもあるため、２４８ページの図表

6－5のように、アプリ別でレーンを追加するのもよいでしょう。また、業務フローと同様、アイコンやイラストを使用する際のルールを設けておいてください。

そして、作成したシステム化業務フローから、「機能要件一覧」を作成します。

機能要件一覧は、ステップ2で作成した業務一覧と同様、業務フローから機能を抜き出し、一覧表としてまとめたもので、これを作成することで機能に抜け漏れがないかの確認を行うことができます。

また、機能要件一覧は既存システムのビジネスプロセスを洗い出した際と同じように、大分類、中分類、小分類の階層に分類し、一覧表に記載していきます。

記入する内容は、システムの機能に加え、画面構成や帳票、外部接続など今回のシステム化に関わるものも記載してください。

もし画面や帳票の要件が多く、煩雑になってしまう場合は、「画面一覧」「帳票一覧」といった形で分類別に一覧表を作成するのもよいでしょう。しかし、手作業で行う業務がある場合は、システムの機能には該当しないため、今回の機能要件に加える必要はありません。

また、文字だけでは伝わりづらい機能や帳票に関しては、機能概要やデータの入出力、例外処理を記載した「仕様書」を作成するのがいいでしょう。一覧表にある全ての機能に仕様書を作成する必要はありませんが、関係者間でイメージの共有が難しいものに特化して、機能の概要やデータの扱いをまとめ、また図を用いて説明するのが最適です。

システム化の要件をどのくらいの詳細度で洗い出しを行うかは、関係者間で協議しながら決めることになります。要件定義書を確認する承認者や、システムの開発を担う開発者が正しく理解できるかが重要なので、そのことを念頭に置いた上で、要件定義を進めていくのがよいでしょう。

また、作成した要件定義書は共有するだけでなく、関係者を招集し、この要件で問題ないかの読み合わせを実施するのがよいでしょう。読み合わせを実施することで、担当者間の業務知識、理解の溝を埋めることができ、要件定義書の中の不備を見つけることもできるので、作成後はぜひ実施するようにしてください。

図表 6-5　システム化業務フロー（サンプル）

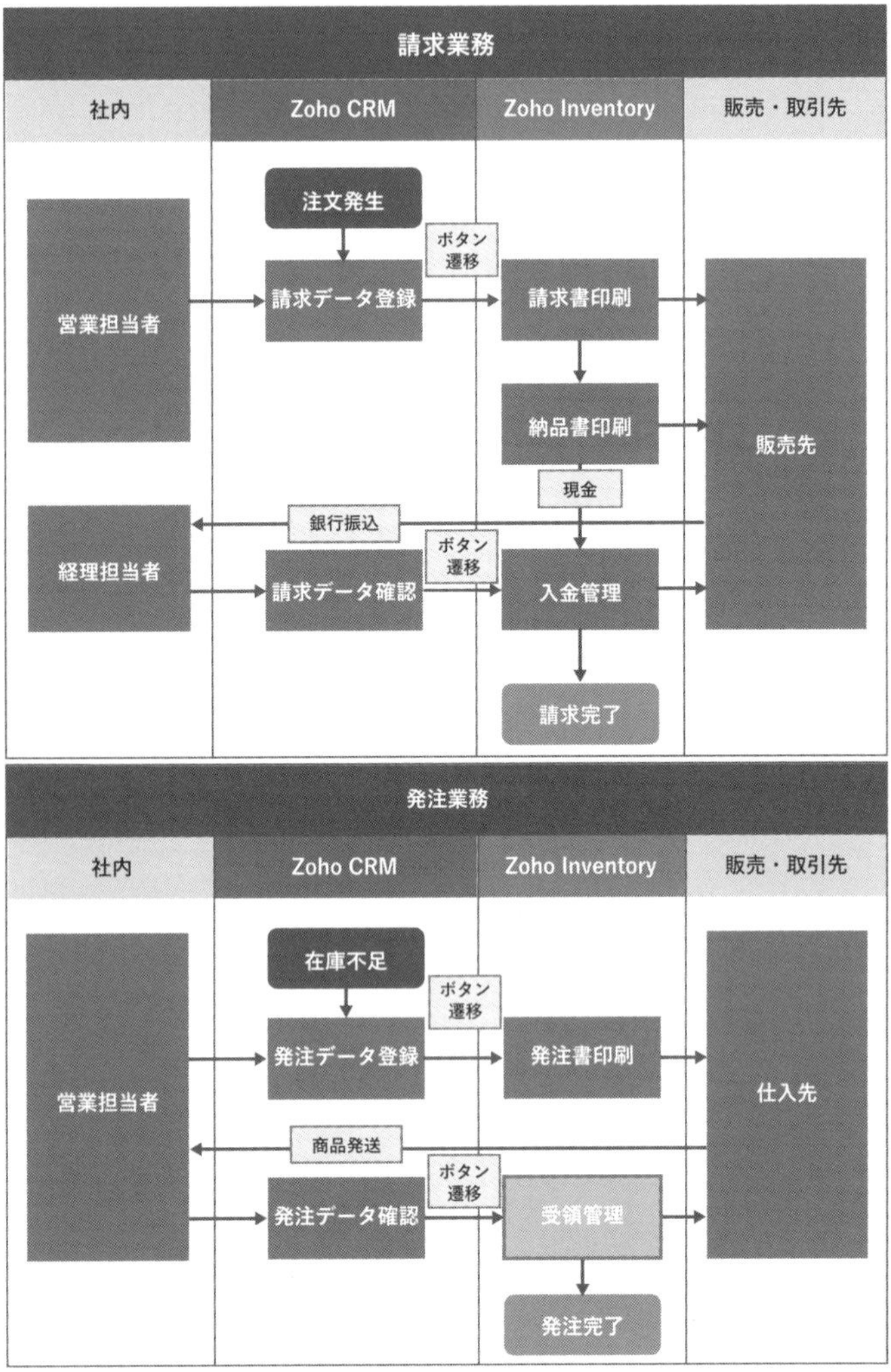

ステップ5　プロトタイプの開発

要件定義が完了した後は、いよいよ開発フェーズへと移っていきます。開発フェーズでは、いきなり完成品を作成するのではなく、まずは試作品となるプロトタイプの開発を行いましょう。

システムの導入によくある失敗ケースとして、要件定義や仕様書にある通りの機能、システムを構築したにもかかわらず、システムの評価の段階でユーザー側の同意が全く得られず、修正が多発し、納期や予算を大幅にオーバーする結果になるといったことがあります。

「1枚の絵は1000の言葉に値する」という言葉があります。システム開発の世界でも、言葉や文章だけで、システムの要件を伝えきるのは困難なことです。

そのためにも、まずはプロトタイプを作成することで早い段階で画面イメージを確認しましょう。プロトタイプを通して、認識の齟齬を減らし、プロジェクトのリスクと開発にかかるコストの低減ができるでしょう。

特に、ローコード・ノーコードツールはプログラミングをほとんど伴わずに開発が行えるため、気軽にプロトタイプの開発に取り組めます。また、Ｚｏｈｏの場合は、ＧＵＩの操作で画面やレポートを簡単に生成できるので、確認・評価が行いやすく、プロトタイプ開発に向いています。


プロトタイプの開発には、要件定義後の「開発」と、そのプロトタイプの「評価」の２つのフェーズがあります。

開発フェーズでは、要件をもとに、外観や操作感が実際のシステムと同じようになる試作品を作成します。評価フェーズでは、プロトタイプを開発チームと運用チームで検証し、完成イメージと齟齬がないかを確認します。場合によっては評価フェーズでのフィードバックを受けて、プロトタイプの修正を行います。

こうして、プロトタイプの開発と評価を繰り返し、完成イメージが固まったところで本番の設計・開発に着手します。

では、具体的な工程に入っていきます。プロトタイプの開発は、以下の手順で進めていきます。

①プロトタイプの作成

設計で実装を決めた機能のみを搭載した試作品を開発していく工程です。システムの核となる機能、何度も検証が必要な機能を優先的に試作品に搭載します。

Zoho CRMの場合、構築は次の手順で進めるのがよいでしょう。

ステップ1：各タブの項目を追加する
ステップ2：パイプラインやレイアウトルールを設定する
ステップ3：自動化処理を作成する
ステップ4：外部連携の設定を行う

②プロトタイプのテスト

作成したプロトタイプをテストし、不具合やエラーが見つかった際は修正していきます。

テストでは、要件でまとめた各項目の抜け漏れがないか、ワークフローが正常に動作しているか、自動化による各種通知やタスクが正常に動作しているか、外部連携が正常に動作しているか、といった項目に対してチェックを行っていきます。

テストのためには、個人情報や商談データを実際に入力する必要がありますが、実在する個人名や商談ではなく、サンプルデータを使用することが一般的です。Zoho CRMにはサンプルデータが用意されていますが、各タブの構成がサンプル通りでないことやデータが少ないこともあります。そのため、ダミーの個人情報を生成できるツールを活用するのも手でしょう。

③ユーザーによる評価と改善

ユーザー評価の結果をもとに、プロトタイプの改善を行います。

ユーザーからのフィードバックを受け、操作性や使い勝手の改善点を洗い出します。そして、それらの改善点をもとに、プロトタイプを改良していきます。

改善作業が必要な場合は、再度、プロトタイプのテストを行い、問題点を特定し、修正します。これらの工程を繰り返し、改善を重ねながら、最終的に完成版のシステムを開発します。

以上のように、プロトタイプの開発は、試作品を作成し、テストやユーザー評価を行い、改善作業を行いながら、最終的に完成版のシステムを開発する工程です。このプロセスを通じて、利用者のニーズに応える高品質なシステムの開発ができるようになります。

図表 6-6　Zoho CRM レイアウト・レポート編集画面

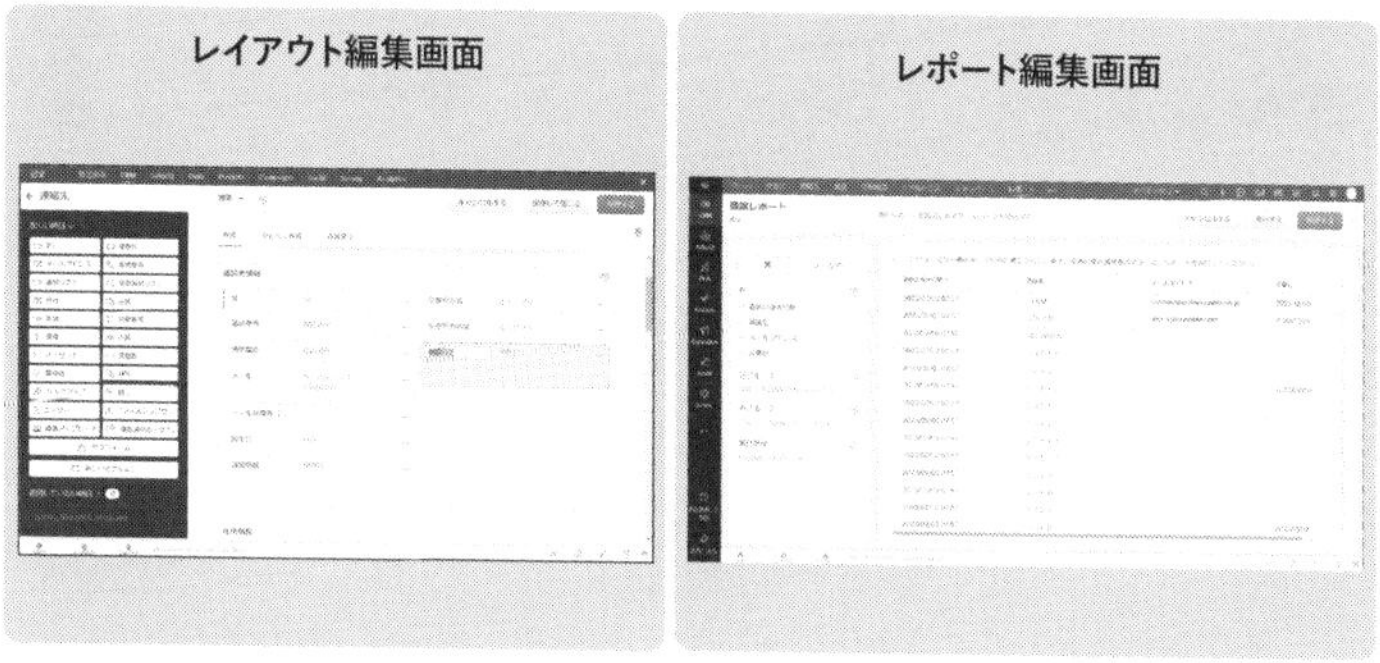

ステップ6　既存システムとの並行活用とトラブルシューティング

プロトタイプの開発を経て、新システムが完成すると、既存システムから新システムへ切り替える移行が必要になります。移行方式では、主に3つの方法があります。

①一括移行方式

既存システムを休止し、新システムへ一斉に切り替える方式です。一斉に切り替えますので、移行時間やコストを抑えられる一方で、移行後にトラブルが発覚すると影響範囲が大きくなるリスクがあります。

②段階的移行方式

業務や機能単位などで既存システムを休止し、段階的に新システムに切り替える方式です。段階的に移行することで、一括移行方式よりリスクを抑えられます。一方、移行が複数回となることによるコスト増や、分割した単位で既存システムと新システムが混在することになるため、相互間でのデータの同期・連携を考慮する必要があります。

③並行運用方式

既存システムと新システムを同時並行で稼働させ，結果を比較検証し、新システムに問題がないと判断した時点で既存システムを休止する方式です。並行運用しているため、安全に移行できる一方で、既存システムと新システムで二重入力の負担が大きい点に注意が必要です。

システムの内製化においては、スキルやノウハウがあるＩＴベンダーなどの事業者が移行を行うわけではないため、リスクがもっとも低い既存システムとの並行活用を検討します。運用負担は大きくなるものの、利用者のシステムの習熟度を上げげつつ、比較的安全に新システムへ移行できます。

次に、トラブルシューティングについて述べていきます。

システムを利用していると、不具合や異常といったトラブルがつきものです。対応を誤れば、原因究明に時間を要したり、２次災害を引き起こしたりすることで障害が長期化するリスクがあります。

ＩＴベンダーなどの事業者は、トラブル対応のスキルやノウハウを持っていますが、システムを内製化する場合、スキルやノウハウが不足しがちです。そのため、あらかじめ想定されるトラブルの対処法を体系化し、マニュアルとして標準化しておくことが重要となってきます。そうすることで、トラブルが発生しても、誰でも円滑に対処することが可能となり、早期復旧を図ることができるようになります。

トラブルシューティングのマニュアルを作成する際のポイントは、次の通りです。

・トラブルシューティングの基本的な考え方、運用ルールを記載する。
・問合わせやクレームと、その原因と解決策を収集する。
・収集した原因と解決策が適切であるか、わかりやすい表現かを検討する。
・問題、原因、解決策をトラブルの内容ごとに分類する。

トラブルシューティングに関して、ＩＴツールを活用して環境整備していくことも必要となります。トラブルシューティングマニュアルは、エクセルやGoogle スプレッドシート等で作成できますが、Ｚｏｈｏには Zoho Deskというプロダクトがあり、ＦＡＱや問題解決のナレッジを簡単に作成・参照することができます。これにより、ナレッジベースで自己解決率アップや対応工数削減が図ることができます。

続いて、トラブルシューティングの方法についてご紹介します。システムによっては細かな違いはありますが、基本的なステップは以下の通りとなります。

図表 6-7　移行方式の比較

方式	メリット	デメリット	リスク	コスト
一括移行方式	移行の手間が最小限である	影響範囲が大きい	×	○
段階的移行方式	リスクを部分的に抑えられる	移行期間が長期間になる	△	△
並行運用方式	比較検証するため、リスクが小さい	運用が二重になるため、負担が大きい	○	×

①「いつ・どこで・どうなったか」を明確にし、状況を把握する。
②原因を切り分けし、問題箇所を特定する。
③問題の発生条件や問題が再現できるかを確認する。
④対処では、暫定措置と恒久措置を検討する。

システム稼働後もトラブルがゼロになることはないため、トラブルシューティングは、継続して取り組んでいく必要があります。

ステップ7　リプレイスの実施

既存システムとの並行活用を経て、いよいよリプレイスの実施となります。リプレイスでは、準備が不足していると、失敗するケースが多くみられますので、注意が必要となります。

リプレイス前に準備すべきものとして、移行データの準備が挙げられます。これまでシステムを利用していない場合は、今後、新たにデータを登録していくことになるので、特に考慮する必要はありませんが、既存システムから切り替える場合には、これまで登録したデータを移行する必要があります。

移行データの準備ができた後は、実際にデータが移行できるか、リハーサルを行います。サンプルデータで移行テストを行うだけではなく、問題を早期に発見するためにも、早い段階で既存システムの全件データにてリハーサルを行うことが重要となります。既存システムでは、サンプルデータに含まれていないイレギュラーなデータが存在している可能性もあるため、リハーサルを行うことで問題点を洗い出し、既存システムでのデータ修正や移行データの加工といった解決策を準備し、万全の備えをしてリプレイスに臨む必要があります。

次に、リプレイスを行う上での注意点についてお伝えします。

ＩＴベンダーなどの事業者に依頼する場合は、リプレイスを全て任せるのではなく、発注する側が主体的に関わっていく必要があります。実際のシステムの運用方法やデータの意味については、事業者も完全に把握しているわけではないため、利用者の視点で確認していくことが重要です。

一方で、システムを内製化する場合は、社員が担当することになります。そのため、システムの運用方法やデータの意味を把握していても、システム導入する推進担当者と利用者が異なる場合は、認識を擦り合わせて進めていくことが必要となります。

ローコード・ノーコードでは、変更対応が容易ではあるものの、システムを内製化する場合は社内の限られたリソースで対応していくことになるので、手戻りのリスクを軽減す

図表 6-8　Zoho CRM インポート画面

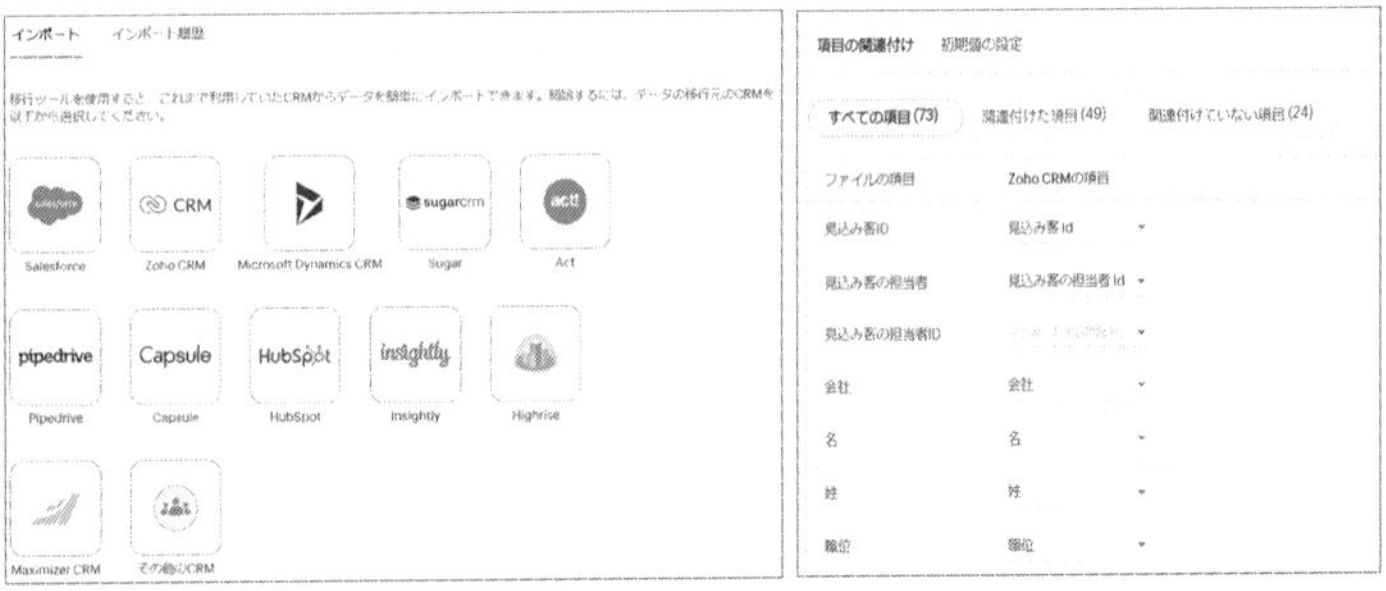

るよう社内調整していくことも重要となってきます。

なお、Zoho CRMでは、データをインポートする機能が用意されています。この機能を使えば、SalesforceやMicrosoft Dynamics CRMといった、これまで利用していたCRMからデータを簡単にインポートすることができます。

また、既存システムから出力した項目をZoho CRMの項目にGUIで紐づけることができます。インポートした結果も履歴画面から確認することができ、インポートして30日以内であれば、インポートを取り消しすることもできます。これらの機能によって、既存システムのデータを移行することが容易に行

図表6-9　Zoho Campaigns インポート画面

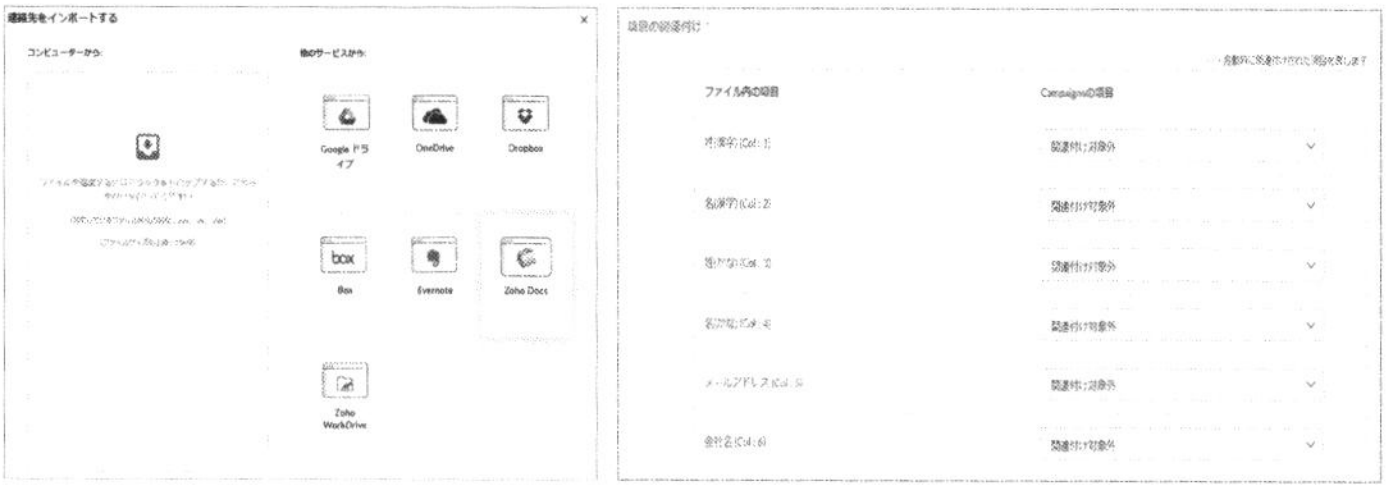

えます。

Zoho Campaignsにおいては、メルマガ配信リストをZoho CRMの顧客データと連携することができますが、Zoho CRMを導入しない場合であっても、メルマガ配信リストを既存システムのデータから移行することができます。

Zoho Campaignsでは、Zoho CRMと同様に既存システムから出力した項目をＧＵＩで紐づけることができます。また、既存システムだけに存在する項目であってもノーコードで容易に項目追加することができます。

このように、Ｚｏｈｏの各プロダクトでは、既存システムからデータを移行するために、多くの機能が用意されています。

ステップ8　運用

リプレイスの実施が完了した後は、システムを運用していくことになります。

新しいシステムを用意しただけでは、運用していくことはできませんので、入念な準備やサポートが必要不可欠です。準備不足で、その場しのぎの対応になってしまうと、業務は混乱をきたすことになります。運用の準備及びサポートについては、おおよそ次の通りとなります。

①システムの操作マニュアルや運用マニュアルの準備

システムを操作したり、運用したりするには、マニュアルを準備しておく必要があります。

ただし、システムの操作を全てマニュアル化するのは、どうしても時間や労力がかかってきます。特にシステムを内製化しているのであれば、社内のリソースにも限りがあるので、業務上、重要なポイントに絞って用意するなど工夫が必要です。

　また、Ｚｏｈｏを導入する場合、Zoho CRMやZoho Campaignsなど、各プロダクトでは、「はじめてガイド」に基本的な操作方法がわかりやすくまとめられています。こういった製品情報を有効に活用できる環境も準備していきましょう。

②利用部門への操作説明会の実施

　システムを利用するには、用意した操作マニュアルを活用して、操作説明会を実施します。操作説明会では、なるべく実際のデータを使用し、システムの操作だけに終始しないよう、現在の業務の流れをシステムに置き換えて説明することで、新システムを理解しやすくなります。

図表 6-10　Zoho「はじめてガイド」

Zoho サービス	URL
Zoho CRM はじめてガイド（前編）	https://workdrive.zohoexternal.com/external/6Oxchxsk4Cx-J8HFH
Zoho CRM はじめてガイド（後編）	https://workdrive.zohoexternal.com/external/6Oxchxu7QA4-J8HFH
Zoho Campaigns はじめてガイド	https://www.zoho.com/sites/default/files/campaigns/help/zohocampaigns-startguide.pdf
Zoho SalesIQ はじめてガイド	https://www.zoho.com/jp/ebooks/salesiq/ZohoSalesIQstartguide.pdf
Zoho Survey はじめてガイド	https://workdrive.zohoexternal.com/external/7fff01e329a20352a0f57735a14ad2e8abc3ce8692d770cb0104f4fa9dd03e69

また、説明を聞いただけでは、システムの習熟度は上がらないので、実機で操作してもらう方がよいでしょう。1回の説明会で習得できないようであれば、複数回実施することも必要となってきます。

③問合わせ窓口の設置や運用保守体制の確立

システムのことについて問合わせしたい場合、混乱をきたさないよう、どこに問合わせしたらよいのかをあらかじめ決めておく必要があります。

また、改善要望や質問事項に対応する体制も準備しておかなければいけません。システムを内製している場合、構築に携わった担当者がそのまま運用保守も担当するケースが多い傾向ですが、運用保守対応が属人化するリスクがあります。そうなってくると、異動や退職時に引継ぎが不十分になる恐れもあるので、ドキュメントに残しておいたり、1人に依存しないよう副担当者を体制に含めたりといった対応も必要になります。

④改善要望や質問事項の対応

操作説明会やシステムの運用においては、改善要望や質問事項が上がってきます。

改善要望の対応にあたっては、リスト化を行うとともに優先度をつけて、特に業務上で支障をきたすものについては、最優先で対応する必要があります。

なお、Zoho CRMには、「サンドボックス機能」という本番環境と完全に切り離したテスト環境があります。本番環境で改善対応や不具合修正を行った場合、何か問題が発生すると、通常業務にも影響することになります。こちらの機能を利用することで、本番環境に影響を与えずに検証することができるため、安心してシステムを変更することができます。

質問事項の対応にあたっては、改善要望と同様にナレッジとしてリスト化するとともに、よくある質問事項はFAQにまとめていきま

図表 6-11　Zoho CRM サンドボックス画面

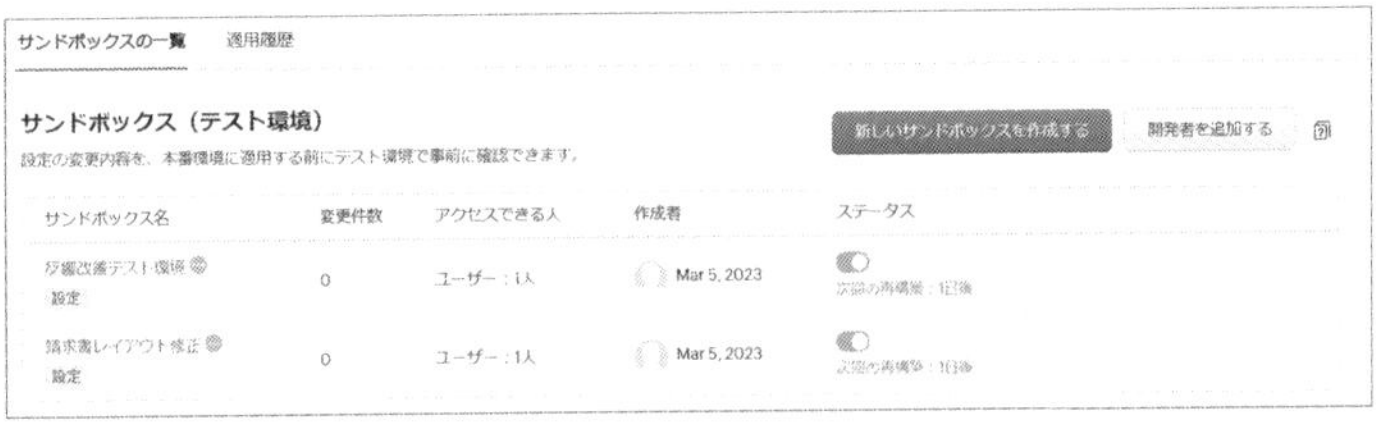

す。作成したFAQは、社内に共有することや個別の説明会を実施するなど、利用者自らが解決できるようにすれば、類似の質問を減らすことに寄与します。

システム内製は短期間のアジャイル型開発で進めよう

システムを開発する手法として、様々な種類がありますが、代表的な手法として、第1章でも少し触れた「ウォーターフォール型開発」と「アジャイル型開発」があります。まず初めに、それぞれの開発手法について、もう少し説明します。

ウォーターフォール型開発

最初に全体計画を立て、その計画に従って開発を進めていく手法です。

従来型のシステム開発でよく見られる手法で、滝（waterfall）の水が流れ落ち、逆戻りしない意味合いで、このように名付けられました。計画通りに進められ、品質を確保しやすい一方で、当初の仕様から変更が生じたときに対応しづらいという面があります。

アジャイル型開発

アジャイル型開発では、事前に全てを計画するのではなく、必要な機能から短期間で開発する手法です。

アジャイルは、直訳すると〝素早い〟〝機敏な〟という意味合いで、さらに〝頭のよい〟といったニュアンスも含まれています。小さい単位で開発を繰り返して進めていくため、利用開始までが短縮でき、仕様変更にも柔軟に対応できる一方で、スケジュール管理が難しく、柔軟性があるあまりに開発の方向性がブレやすくなる点にも注意が必要です。

これまでのシステム開発といえば、「ウォーターフォール型開発」で行われるケースが多い傾向にありました。その理由の1つとしては、ＩＴベンダーなどの事業者にシステム開発を請負契約で発注する場合、発注内容（開発範囲や開発期間など）が決まっているため、契約後の仕様変更には対応しづらいことから、「アジャイル型開発」は採用されにくかったのです。

図表 6-12　ウォーターフォール型開発とアジャイル型開発の違い

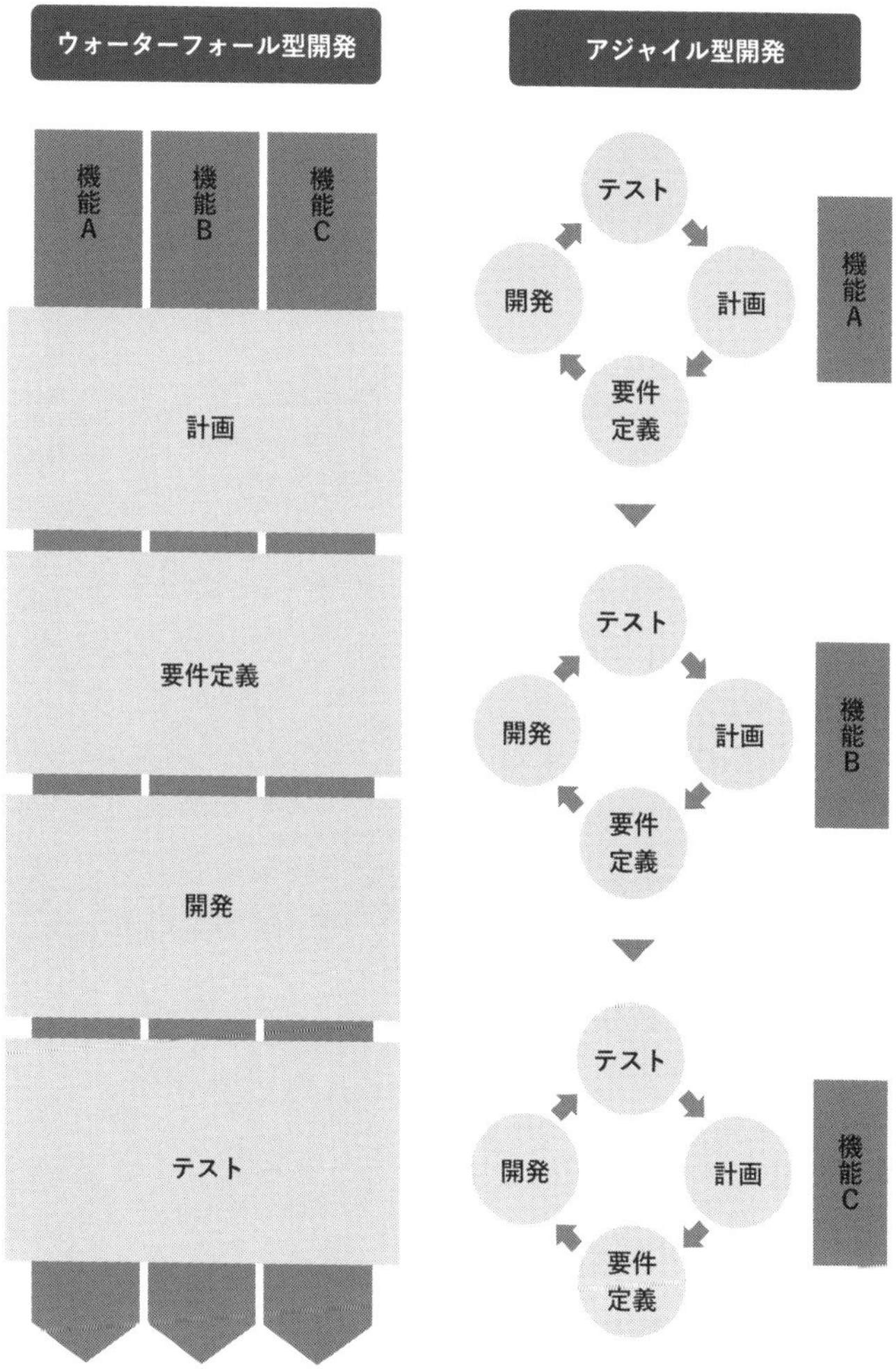

一方、システムの内製化においては、ローコード・ノーコードのデジタルツールを活用すれば、必要な機能から短期間での開発ができることから、「アジャイル型開発」で進めることが適しているといえます。

次に、「アジャイル型開発」の進め方を見ていきます。「アジャイル型開発」では、いくつかの進め方がありますが、その中でも代表的なのが「スクラム」になります。スクラムとは、ラグビーのスクラムのように、チームががっちりと連携しあって開発していく手法になります。ここでは、スクラムの基本的な流れをご紹介します。

ステップ1　プロダクトバックログの作成

開発対象の要望や優先度をプロダクトバックログとしてまとめます。

ステップ2　スプリントプランニングを実施

スプリントとは、チームで一定量の作業が完了する際の短く区切った期間（主に1～4週間程度）のことで、ここではプロダクトバックログからスプリントの計画を立てていきます。

ステップ3　デイリースクラムの開催

スプリントの間、状況報告や問題の共有、進め方の確認などを行うことを目的として、毎日決まった場所・時間でミーティング（デイリースクラム）を開催します。1回あたり15分程度行うことが一般的で、作業計画に絞って会話します。作業内容の詳細にまで言及すると、メンバー全員の開発作業が止まる点には注意が必要です。

ステップ4　スプリントレビューの実施

スプリントの終了時に、スプリントレビューミーティングを開催し、開発したソフトウェアが要求を満たしているかを評価します。

ステップ5　スプリントレトロスペクティブ（振り返り）の実施

スプリントレビューミーティング後に、そのスプリントの振り返りを行い、次回のスプリントの改善策を検討します。ポイントとしては、①よかった点・継続したい点、②問題点・改善点、③次回のスプリントで取り組む対策、といった点で振り返りましょう。

本章では、ローコード・ノーコードのデジタルツールを活用して、システムを内製化するステップを見てきました。

Ｚｏｈｏは、システムを内製化するにも適したツールであり、次の章では、実際に船井総合研究所自身がシステム内製化でＺｏｈｏを導入した事例をご紹介します。

第7章

「Zoho」で実現！
お客様企業と自社内、
それぞれのDXが
もたらしたものとは

右から順に

橋本 吉弘 株式会社船井総合研究所 DX開発推進室 ディレクター
社内外のZoho導入に関する技術面でのリーダー

真貝 大介 株式会社船井総合研究所 代表取締役社長

鈴木 康弘氏 株式会社デジタルシフトウェーブ代表取締役社長
日本オムニチャネル協会会長 DXマガジン総編集長

砂川 大茂 株式会社船井総合研究所 執行役員
船井総研Zoho導入のプロジェクトマネージャー

第6章まで、ローコード・ノーコードによる企業の業績アップの事例やポイントをお伝えしてきました。

ここでは、実際に船井総研がお客様企業のDXをどのように推進してきたのか。そして、私たちの社内DXについてどのような点に苦労し、どう成功させていったのか。対談形式でお伝えします。

船井総研がお客様企業に提供する「DXコンサルティング」とは

ローコード・ノーコード開発により、業種別のプラットフォームを展開。デジタル化ありきではなく、業績アップコンサルティングの武器としてデジタルをプラス。

鈴木　まず、船井総研がお客様企業に提供しているDXコンサルティングについて教えてください。

真貝　ひとことで言うと「業績が上がるDX」です。私たちはシステム会社ではないので、どんなデジタルツールを提供したとしても、お客様企業の業績が上がらなければ意味がないわけです。我々はデジタルが主流ではないアナログ時代から、「業績向上のためのコンサルティング」を主軸に置いていました。

鈴木　「DX」って「D（デジタル）」と「X（トランスフォーメーション）」じゃないですか。今の世の中には、「DX（デジタル・トランスフォーメーション）」と、単なる「D（デジタル化）」が混在してしまっていると思うんですよね。そういう意味では、船井総研は「X（トランスフォーメーション）」の部分は元々やっていて、その後デジタルが加わることでDXが実現しているということですかね。

真貝　そうですね。例えば「脱下請け」が課題の製造業において、その企業の商品や技術をアピールするカタログなどをつくり、拡販するなどして、下請けから元請けへと「トランスフォーメーション」していくというコンサルティングをしていました。そこから時代の流れに合わせて、WebサイトやMA（マーケティング・オートメーション）などといった「デジタル」を活用するようになったわけです。

鈴木　船井総研は、業績向上のために「Ｚｏｈｏ」を活用していますが、ローコード・ノーコードとはいえ、お客様企業では導入に抵抗があるのではないですか?

橋本　いいえ、お客様側でのカスタマイズの必要がないように、船井総研側でＺｏｈｏを業績アップのツールとするためにあらかじめカスタマイズした、業種別の「グロースクラウド」として提供しています。ここで、ローコード・ノーコードのメリットが発揮されます。

私たちは毎月お客様と向き合い、コンサルティングをする「月次支援」というスタイルが主流です。この月次支援中に、こういうふうにカスタマイズしたい、という要望を受ければすぐその場で変えることも可能です。また、同じ業種で最新の成功事例が出た場合、そのノウハウを踏まえてスピーディーに改修することもしています。

鈴木　スピードがお客様企業にとってのメリットなのですね。

橋本　スピードに加えて、コストメリットもありますね。中小企業の経営者だと、システム投資に対して1000万円とかの見積りを出されても、成果が出るかどうかもわからず、成功まで時間がかかるものにコストをかけることができないじゃないですか。

真貝　これだけ投資してほしいけど、成果が出るまでは半年待ってくれ、といったことが通用しないんですよ。

橋本　ローコード・ノーコードということなら、小さくスタートさせて、仮説検証を繰り返しながら最適化させていくこ

とができる。結果的に必要な機能だけが揃った、要件的にもシャープなものができて、費用効率も良くなるということです。

なぜ私たちは「Ｚｏｈｏ」の展開を推進しているのか

中小企業にとって使いやすく、業績アップの実績も多数。
今後さらに、日本の中小企業に合ったプラットフォームになることが期待される。

鈴木　そもそもなんですけど……なぜ、Ｚｏｈｏなんですか？

真貝　最初にＺｏｈｏを活用していこうと感じたきっかけは、コンサルティングの現場にありました。特に製造業のコンサルティングの現場において、Ｚｏｈｏの導入数が異常値的に伸びていたんです。これは、製造業以外の業種にも展開することができるのではないかと。

鈴木　実際に、Ｚｏｈｏを選んだことは正しかったですか？

真貝　ＺｏｈｏにはＭＡやチャットボット、さらにはＨＲ（人的資源）領域のツールなど、多様なツールがあり、製造業以外の業種に「業績が上がるＤＸ」を展開する際に大きく貢献しました。我々はコンサルティング会社として、中堅・中小企業の経営全般を扱うわけですから、1つのプラットフォームで幅広い領域をカバーできることはとても有効なわけです。

鈴木　なるほど。

真貝　別の観点でいうと、グローバルなプラットフォーム企業であるＺｏｈｏと私たちがパートナーシップを結ぶことで、お客様企業・Ｚｏｈｏ社・船井総研のそれぞれにメリットが生まれると考えています。

グローバルなプラットフォーム企業にとっては、日本の中小企業は異形の存在です。日本独特の業界構造や、エスアイアーとの関係性もあり、市場の攻略が難しいです。一方で、僕らは日本の中小企業のことをよくわかっています。Ｚｏｈｏと日本の中小企業とのつなぎ目となることができるのです。そして、私たちが日本の中小企業の要望を吸い上げ、Ｚｏｈｏの本社にフィードバックすることで、よりお客様企業にとって良いサービスを提案できるとも考えています。

いかに約750名のコンサルタントに「Zoho」を浸透させたのか

一筋縄にはいかない部分もあったが、ローコード・ノーコードを活用し、スピーディーかつローコストでの社内展開を実現。

鈴木　ここまで、お客様企業のDXについてお聞きしましたが、船井総研の社内でもDXは進めているんですか？

真貝　船井総研社内でもZohoを導入・展開するためのプロジェクトを展開しています。「お客様企業にはZohoの導入を提案しているのに、自分たちはやっていない」というのは、船井総研の体質的には許容できないものでした。お客様以上にZohoを使いこなし、組織の中で出てきた課題はZoho本社にフィードバックしながら、よりお客様にとって良いプロダクトを提供していきたいという思いがありました。

鈴木　実際にうまくいきましたか？

真貝　私たちもＺｏｈｏを全社展開して1年以上経ちますが、そもそも導入に至るまではかなり苦労がありましたね。Ｚｏｈｏ導入を検討し始めたのは今から3年近く前。当時は私たちのような従業員数１０００人規模の企業におけるＺｏｈｏの導入実績が少なく、当社のシステム部門からも「私たちの規模でも耐えられるのか」という懸念の声がありました。

そこで船井総研で問題なく活用できるかどうかの技術的な検証を行うことになったのですが、その進め方が良くなかった。推進する主体を現場のコンサルティング部門ではなく、システム管理部門主体で進めてしまっていたんです。そうすると、システム的な懸念事項は出てくるものの、解決に向けた動きを取りにくい。結果、当初の導入プロジェクトは一旦見送りになりました。

そこからしばらくして再度体制を見直し、ＺｏｈｏのＳＦＡの導入を進めることにしました。その際は当時事業部門長をしていた砂川をプロジェクトマネージャーとして、進めていくことにしました。

砂川　まず苦労したのは各部門でバラバラのやり方をしていたものを統一することでした。ＳＦＡの導入以前は、それぞれの部署がそれぞれの形でGoogle スプレッドシートなどを使って管理をしていました。各部門が縦割りになっているとそうなってしまうんですよね。

鈴木　そうですよね。そうすると、ＤＸ以前に業務のやり方をどう変えていくのかから考えていく必要も出てきますよね。

砂川　業績が伸びている部署は細かく管理できている一方で、そうでない部署はもう管理さえほとんどできていない、という差がある中で、その意識を統一させるのは苦労しましたね。

鈴木　でも今ではＳＦＡ導入は成功しているわけですが、その成功には何が重要でしたか？

砂川　いちばん重要だったのは、「ミドルマネジメント層の巻き込み」でしたね。全社で「やるぞ」と声をかけると、まず若手・一般社員が動き出します。一方で、本来ならそのZohoのSFA機能を使って営業管理をすべきミドルマネジメント層が、現場に丸投げをしていて「全然知らない」ということが起こりやすくなります。そんな中で、ミドルマネジメント層にSFAをもとにした営業情報を共有してもピンとこないし、導入にも前向きになりにくいところがありました。

鈴木　いつの時代もDXに抵抗するのは中間

管理職です。これは間違いないですね。トップは「なんとかしないといけない」という意識はある。若い人も柔軟にデジタルを取り入れてくれる。一方で中間管理職は、「いや、あまりそんなのやるべきではないですよ」と言いがちですね。そういう人ほど、うまくいったときは「私は応援してました」と言うのですけどね（笑）。

砂川　そうなんですね。そういうことを知らずに進めていました（笑）。とにかく1人ひとりのマネージャー・部長に対して、「いや、やるんだ」「全員がやってもらわなきゃ困る」ということを何度も何度も言って回りましたね。

鈴木　この泥臭いことが実はデジタル変革ですよ。「変革」に必要なのは、まさに粘りだと思うんですよね。船井総研のＺｏｈｏ導入プロジェクトは、Zoho GRITプロジェクトという名前なんですよね。「ＧＲＩＴ」には「やり切る」という意味があります。あきらめないでやり切るしかないわけです。

この経験があるからこそ、皆さんがお客様企業に提案しているときに「こういうところが大事なんです」という話をしていけるわけで、すごくいい経験だと思いますね。

真貝　そうですね。

鈴木　技術的な部分で、ローコード・ノーコードを船井総研社内に導入するメリットはありましたか？　これまでは、Google スプレッドシートなどで管理していたわけじゃないですか。

橋本　メリットはいくつもありますね。１つ目に、全社での数値の統一・統合がやりやすくなったということがあります。まさにGoogle スプレッドシートなどで各部署が思い思いで管理していたと

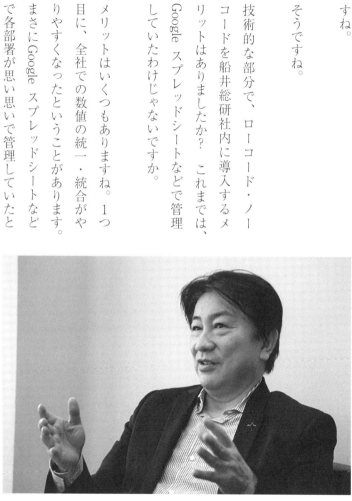

ころから、全社用の数字を吸い上げていくときに、数字を二重入力・三重入力していかないといけない構造になっていました。そうなると入力ミスがありますし、数値を集計するタイミングも遅くなるし、人手もかかるという状況だったんですけど、そういったことがなくなってきたということです。2つ目が、これがまさにZｏｈｏの特長でもあるのですが、ツールがいくつもあって、それぞれのツールがつながっているということが非常に良い点です。普通なら、MAツールはこれを使って、SFAはこれ、CRMはこれで……というように違うツールを導入してつないでいくのですが、つなぐ作業は至難の業であることが多く、時には連携できないこともあったりします。そういった部分をZｏｈｏで統一することによって、全部つながって連動するといった状態をつくることができました。

鈴木　なるほど。その結果として、外注化比率も下がったりしたのでしょうか？

橋本　はい、かなり下がりました。我々は内製部隊を持っていて、できることは内製でやっているんですけど、そもそも外注する必要がだいぶ減ってきました。そこで培ったノウハウは、お客様に船井総研の成功事例として自分ゴトとして語ることもできるんです。だから、外注化比率が下がりつつ、事業としても「弾み」をつけることもできています。

鈴木 いろんなことを決定し、実現するまでのスピードも上がったのではないかなと思いますが、感覚的にはどのぐらいスピードが上がりましたか?

橋本 感覚的には5分の1ぐらいの時間で終わってしまうぐらいスピードが上がったのかなと思いますね。

鈴木 おお、そんなにですか。

橋本 まず「ローコード・ノーコード」で開発できる、ということで開発期間は半減します。それよりも大きいのは、外注先の方に説明したり、見積りを取って承認を得たり……といったプロセスや、要件定義して色々確認して後で直してみたいなプロセスがごっそりなくなったことです。外注先を活用するとなると、様々な手続きも発生するわけで、このあたりの時間が大幅に削減できた部分が大きいなと感じます。

鈴木 なるほど。外注をすると、コミュニケーションコストというのが実は相当大きいんです。だから一番いいのは「当事者が直してしまう」ということ。それが一番早いですよね。

橋本 本当にその通りでしたね。

真貝 あとは、コスト的なメリットもあると思います。一般的なＳＦＡの場合、アカウントを1人ひとりに付与したり、バージョンを上げていったりするごとにコストがかかってしまうことが多いわけです。場合によっては、億単位の費用がかかったりして……。そのような場合と比較したら、Ｚｏｈｏの導入はコストがとても低いわけです。

鈴木 桁が違うでしょうね。

真貝 投資回収の面でいえば、ＳＦＡが一番費用のかかる投資だったわけですが、ここでZoho Oneというスイート製品（様々なアプリケーションソフトが一通りまとまったパッケージ製品）を買ったわけなので、他のアプリケーションも追加コストなしで全部入れられるという状況がつくれたんですよね。これは結構大きいメリットだったんじゃないかなと思います。

鈴木 うちもZoho One入れましたけど、まあこれ、安いですよね。単純に（笑）。とりあえず、２個の機能を別々で買うより、Zoho Oneを1個買っておいた方が安い、となるわけです。

真貝 実は、僕はずっと社内ＳＮＳを導入したくて、色々ツールを探していたんです。そしたらＺｏｈｏにも「Zoho Connect」というツールがあると。このZoho Connectも単品で入れたら1人数百円／月の費用がかかります。社員が１０００人以上いる当社ではそれ単体の投資のために社内を説得するのは難しい部分がありました。でも、ＳＦＡを導入しておいて、そこで投資回収をしておけば、Zoho Connectも問題なく使えるという状況がつくれます。

実際、いま社内ではZoho Connectを使ったコミュニケーションが盛り上がっているのですが、もしZoho Connectに最初から投資していると失敗していただろうなと思うわけです。

鈴木 なるほどなあ。

真貝 今は全社員にZoho Oneを配り終えたので、ここからはいろんなことが複合的にできるな、と思います。

今後、「Ｚｏｈｏ」をどう活用していくのか

Ｚｏｈｏを通して、人が育つ環境を構築し、培った技術を通してよりお客様企業の役に立ちたい。

鈴木　皆さんは今後、Zohoを使った野望や、どういうことをしていきたいとかありますか。

砂川　私は現在、人事部門にいるので、入社した社員がどれだけ活躍できるかということにいちばん関心があります。そういう意味では、社内人材のデータベースをつくり、どういうプロセスを経た社員が最速で成果を出せるコンサルタントになれるか。どういうスキルが必要か、ということを自動で出してくれて、それを習得するようなものをつくっていく。これをＺｏｈｏの中で実現したいと思っていますね。

橋本　私はＺｏｈｏの導入で培ったノウハウやエンジニアリング力を社外にどんどん発信していきたいですね。いまＺｏｈｏの機能は、ＩＴの最先端ともいえるものなので、ＡＩだったり日本では予想できない機能がたくさんあるんです。

鈴木　まだ日本語対応がされていない部分ですよね。

橋本　そうなんです。今はＺｏｈｏ社に我々が日本の要望を伝えることができるわけですから、要望を伝えて、破格なコストでこんなすごいＡＩが使えるんだ、すごい機能が使えるんだ、ということをコンサルティングの１つとして提供していくことが、私の野望です。

鈴木　真貝さんの野望はありますか？

真貝　インドですね。Ｚｏｈｏグローバルがあるインドともっと関わりたいなと思っています。

鈴木　おお。

真貝　先月、橋本と一緒にＺｏｈｏのグローバルの本社があるチェンナイに行ったんですよ。インドは米国からみたら地球のほぼ裏側なので、米国のＺｏｈｏと2交代・24時間体制で研究開発をしているようなものです。技術が著しく進化していることを感じます。チェンナイには様々な研究施設や、Ｚｏｈｏ社が抱える学校なんかもあって、そういったところで米国の最先端の技術がインドに反映されてきているのだと思います。

一方、自分たちでいうと、３年前は船井総研内でＺｏｈｏを使える人は恐らく10人程度だったと思います。それが今では、中核で使えるのは40〜50人、コンサルタントでもある程度触れるのが４００〜５００人になっていると思います。これはすごい変化です。

ただ、コンサルタントの成長って無限だと思っていて。コンサルタントがインドでトレーニングを受け、最先端を学んで日本に帰ってくることができるといいですね。Ｚｏｈｏとは今はプラットフォームづくりに取り組んでいる段階です。

今後はインドと日本で連携し、日本の中小企業に対して業種業界別、企業別に進化させていくべき部分をサポートできる体制をつくっていくことができればと思います。これが野望です。

鈴木 やっぱり「ヒト」って大事だなと思うんです。DXって「ツール」じゃなくて「人」だなと。いかに人を育成するかに尽きるんじゃないかなと思います。

真貝 そうですね。

鈴木 例えば、Zohoのような文化——日本でいえば18歳ぐらいの高校を卒業したくらいの若者を採用し、大学で本来学ぶことも会社で学び、そのまま成長の路線に乗せていける——そういう文化もぜひ輸入できたら面白いですよね。

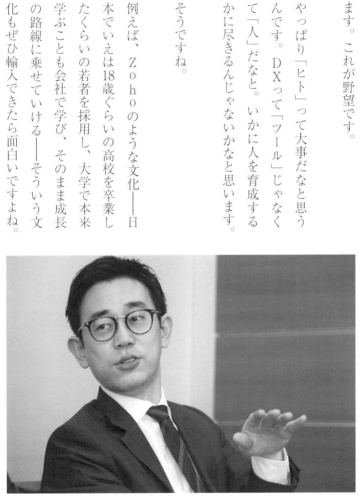

真貝　それができれば、ホントに素晴らしい教育の仕組みになると思いますね。

鈴木　そんなこともぜひ期待しています。本日はありがとうございました。

おわりに

本書では、現在のＩＴ業界のメガトレンドである「ローコード・ノーコード」について説明し、特にローコード・ノーコードプラットフォームＺｏｈｏを活用した、中堅・中小企業におけるデジタル変革（ＤＸ）について述べてきました。

冒頭にも述べましたが、デジタル変革は「小さく始めて大きく育てる」という発想が重要です。つまり、本書の「90日間」というタイトルにもある通り、まずは導入する会社の全社員が、デジタル変革による〝業績向上〟という成功体験を実感するためにも、目に見える成功体験が必要なのです。

こうした小さな成功体験の積み重ねによって、最初は限定的であったデジタル変革の取り組みを、最後は全社的・全体的な取り組みに拡大していく、という手法が、特にリソースが限られている中堅・中小企業には有効な方法といえます。

実際、私たち船井総合研究所自身も、最初はＺｏｈｏによるＳＦＡの導入からスタートし、今後はＨＲ（人事・組織開発）の領域や、ＡＩの活用といった領域に広げていこうとしています。

そういった意味でも、50以上のプロダクトから構成されており、企業活動のほとんどの領域を網羅するローコード・ノーコードプラットフォームであるＺｏｈｏは、まさにデジタル変革を成功に結び付けるための、うってつけのデジタルツールなのです。

そして最後に強調しておきたいことは、改めてこうしたデジタル変革に会社を挙げて取り組んでいる会社と、そうでない会社との間では、10年後には逆転不可能なレベルで大きな差がついてしまっている、ということです。

図表　中堅・中小企業における DX 進展度のレベル

レベル 5	業界一番のデジタル先進企業のレベルを目指す	DX における業界のモデル企業の１社となっており、取り組みが業績向上にも大きく寄与できている。業界トップクラスの生産性・収益性を実現できているレベル。
レベル 4	データを活用した攻めの経営ができている	DX が全社に浸透しており、戦略や意思決定にも反映されている。デジタル活用や取得したデータにより、業績向上に向けた攻めの活用を行うことができているレベル。
レベル 3	全社 DX 戦略をもとに、前向き部門からチャレンジ	フロント営業部門も、一部の部門は DX に前向きに取り組んでおり、業績向上への成果が出始めている状態。
レベル 2	管理部門は DX を叫ぶが、フロント営業部門は旧態依然	管理部門（バックオフィス）では DX の必要性を感じており、ある程度の取り組みはなされているが、フロントの営業部門においては従来通りの勘と経験・度胸でこなされている状態。
レベル 1	経営陣は DX を叫ぶが、１担当者が１人で格闘	経営トップは DX の必要性を感じており、DX の推進を声高に叫ぶが、具体的な施策に落とし込まれていない。その結果、担当者レベルに近いシステム担当のみが格闘している状態。
レベル 0	未着手	経営トップが DX に無関心、あるいは必要性を感じていない状態。

本書でも述べてきた通り、例えば最初は「チャットボット」「ＭＡ（マーケティング・オートメーション）」といった部分的な領域で、短期間の間に目で見える成果を上げることはできるかもしれません。

しかし、そこから人材面も含めて会社全体のデジタルリテラシーを底上げし、本当の意味での会社全体のデジタル変革に取り組み、成果を上げるためには相応の時間が必要だといえます。

具体的に、前ページにある「中堅・中小企業におけるＤＸ進展度のレベル」の図表で示します。

ここで自社がレベル０～２だ、という会社におきましては、特に本書で数多く述べてきた成功事例を参考にしながら、ぜひ、すぐにローコード・ノーコードプラットフォームＺｏｈｏを活用した、「小さく始めて大きく育てる」デジタル変革への取り組みを検討していただきたいと思います。

今の決断が、10年後の会社の未来を決める、といっても過言ではないのですから。

最後に、本書に推薦をいただいたゾーホージャパン様、第7章の対談の中で貴重な示唆・コメントをいただいた、デジタルシフトウェーブ代表取締役社長鈴木康弘様、また私たちと同様にZoho認定パートナーであるジーニアスウェブ様、データサービス様、Zooops Japan様（五十音順）、そして事例をご提供いただいた各企業様に心から御礼申し上げます。

また、本書の出版を実現していただいたクロスメディア・パブリッシングの皆様に心より感謝と御礼を申し上げて、筆を擱《お》きます。

【執筆関係各社】

株式会社船井総研ホールディングス
持株会社として、グループ戦略立案・グループ経営管理を担っている。
東京証券取引所 プライム市場（証券コード：9757）
https://hd.funaisoken.co.jp/

株式会社船井総合研究所
中堅・中小企業を対象に専門コンサルタントを擁する日本最大級の経営コンサルティング会社。業種・テーマ別に「月次支援」「経営研究会」を両輪で実施する独自の支援スタイルをとり、「成長実行支援」「人材開発支援」「企業価値向上支援」「DX（デジタル・トランスフォーメーション）支援」を通じて、社会的価値の高いサステナグロースカンパニーを多く創造することをミッションとする。現場に密着し、経営者に寄り添った実践的コンサルティング活動は様々な業種・業界経営者から高い評価を得ている。
https://www.funaisoken.co.jp/

株式会社船井総研デジタル
企業へのデジタルテクノロジーの実装を専門とする会社。

船井総研グループにおいて、デジタル関連サービスを一気通貫で提供することを目的として、2022年7月1日に「株式会社船井総研コーポレートリレーションズ」と「新和コンピュータサービス株式会社」2社の合併によって誕生した。

主な事業領域は、中堅・中小企業に対するデジタルマーケティングBPO、ITコンサルティング、デジタル人材育成などに加え、大手企業向けのクラウドシステムの受託開発や、業種特化型のプロダクト開発。

人と企業に寄り添い、デジタルテクノロジーの活用を通じて豊かで幸せな社会づくりに貢献する。

https://www.fsdg.co.jp/

船井総研ロジ株式会社
物流・ロジスティクス領域において、戦略・戦術の策定から実行までを一貫してサポートする日本最大級の総合物流コンサルティング会社。荷主企業・物流企業双方への豊富な支援実績をもとに、本質レベルでお客様の課題を解決する実行型コンサルティングを行う。物流に特化したコンサルティング・コミュニティ・ネットワーク・データベースを4軸に、お客様が必要とする「ロジスティクスソリューション」をワンストップで提供している。
https://www.f-logi.com/

株式会社ジーニアスウェブ
Zoho認定パートナー。自社自らもZoho ONEを導入し、生産性向上や業績向上に成果を上げる。また「Webサイトと広告を使った新規客獲得」をはじめ「受注率アップに役立つコンテンツ・販促物の作成」「営業成約率とリピート率の向上」「ネットでの採用支援」まで、お客様が抱える様々な問題解決に貢献。マーケティングと営業活動をつなぐ役割として、Zoho CRMを中心とした各種アプリケーションの導入支援を積極的に行い、導入企業様の新規顧客獲得とリピーター獲得における強固なビジネス基盤を提供している。
https://www.genius-web.co.jp/

株式会社Zooops Japan ——ズープスジャパン
東京・秋葉原に本社を構えるIT企業であり、2020年7月にZoho Authorized Partnerとなった。2021年2月には、Zoho Creator Certified Developerを取得。多様な業種業態の企業から依頼を受け、Zohoアプリケーションの導入・カスタマイズを行っている。社内全体でZoho One を活用し、早くからテレワークやワーケーションに取り組んだことから、2021年には、第1回TOKYOテレワークアワード（主催：東京都）にて推進賞、第22回テレワーク推進賞（主催：一般社団法人日本テレワーク協会）にて優秀賞を受賞。
https://www.zooops-japan.co.jp/

株式会社データサービス
1964年設立のIT業界では長い歴史を持つ会社。2015年12月より、Zoho CRMをはじめとした各サービスの導入支援を実施。システム開発会社である強みを活かし、他社にはできない開発やカスタマイズを提供して高い評価を得ている。Zohoサービスを導入先企業特有の環境に合わせて導入するためのカスタマイズの他、導入後の定着や、業務の変化や外部環境の変化に合わせた改修にも対応する。0.5歩先のビジネスを見据え、お客様の伴走者として末永く共に歩んでいくことをモットーとしている。
https://www.data-service.jp/

【総監修】

株式会社船井総合研究所 代表取締役社長 社長執行役員 真貝大介

【執筆】

株式会社船井総合研究所

・ライン統括本部	執行役員	杉浦 昇
・DX開発推進室	マネージング・ディレクター	片山 和也
	ディレクター	橋本 吉弘
	シニアエキスパート	太田 純
	チーフエキスパート	藤田 浩幸
	エキスパート	御堂河内 薫
	エキスパート	劉 温雯
	シニアアソシエイト	松田 元太
	アソシエイト	藤木 竜弥
	アソシエイト	市川 里穂
・マーケティング室	シニアプロフェッショナル	加藤 克典
・不動産支援部	マネージング・ディレクター	小寺 伸幸
・住宅支援部	マネージング・ディレクター	日野 信
・歯科・治療院・エステ支援部	マネージング・ディレクター	松谷 直樹
	マネージャー	宮澤 駿
	シニアコンサルタント	米田 昌弘
・士業支援部	マネージング・ディレクター	小高 健詩
	リーダー	植木 諒
・シニアライフ支援部	チーフコンサルタント	谷口 祐亮
	アソシエイト	長野 遥
・地方創生支援部	マネージング・ディレクター	横山 玟洙
・モビリティ支援部	マネージング・ディレクター	服部 憲
	コンサルタント	松原 潤
・ものづくり支援室	リーダー	奥内 拓海
	リーダー	神谷 要平

株式会社船井総研デジタル

・SaaSコンサルティング事業部	ゼネラルマネージャー	山本 翼

船井総研ロジ株式会社

・物流ビジネスコンサルティング部	部長	河内谷 庸高
	チームリーダー	白石 哲郎

【執筆協力】

株式会社ジーニアスウェブ 代表取締役 小園 浩之

株式会社Zooops Japan 代表取締役 渡部 佳朗
クラウドソリューション事業部 事業部長 伊藤 剣之介

株式会社データサービス 代表取締役社長 坂本哲也、システム事業本部 課長 中島 輝貴

90日《にち》で業績《ぎょうせき》アップを実現《じつげん》する
「ローコードDX」

2023年7月21日　初版発行

編著者　株式会社船井総合研究所

発行者　小早川幸一郎

発　行　株式会社クロスメディア・パブリッシング
〒151-0051 東京都渋谷区千駄ヶ谷4-20-3 東栄神宮外苑ビル
https://www.cm-publishing.co.jp
◎本の内容に関するお問い合わせ先：TEL(03)5413-3140／FAX(03)5413-3141

発　売　株式会社インプレス
〒101-0051 東京都千代田区神田神保町一丁目105番地
◎乱丁本・落丁本などのお問い合わせ先：FAX(03)6837-5023
service@impress.co.jp
※古書店で購入されたものについてはお取り替えできません

印刷・製本　中央精版印刷株式会社

　ISBN978-4-295-40850-5　C2034